Achtsamkeit

Inneres Kind heilen

Selbstliebe lernen

Selbstbewusstsein stärken

Emotionale Intelligenz

in einem Buch

Eine Einführung für Männer

Max Streelau

IMPRESSUM

Achtsamkeit - Inneres Kind heilen - Selbstliebe lernen - Selbstbewusstsein stärken - Emotionale Intelligenz in einem Buch - Eine Einführung für Männer

Bibliografische Information der Deutschen Nationalbibliothek: Die Deutsche Nationalbibliothek verzeichnet diese Publikation in der Deutschen Nationalbibliographie; detaillierte bibliografische Daten sind im Internet über dnb.dnb.de abrufbar.

Originalauflage

Verlag: Resonanz Buchverlag (RBV) - Iserbrooker Weg 13 - 22589 Hamburg
Herstellung: BoD – Books on Demand, Norderstedt

ISBN 978-3-949859-17-5

Design und Layout: *atelier conception*, Hamburg
mit Canva Pro Media Stock, Canva Pty Ltd.

WIDMUNG

Für alle Suchenden,

denn ihr werdet finden!

INHALTSVERZEICHNIS

EINLEITUNG

„Erkenne dich selbst - denn alles ist in Dir!“

Das Interesse für Persönlichkeitsentwicklung beginnt meist dann, wenn Menschen individuell eine Ahnung davon erlangen, welches enorme Potenzial in ihnen schlummert, das nur darauf wartet gefördert und abgerufen zu werden. Grundsätzlich trägt jeder Mensch besondere Talente und Fähigkeiten in sich. Wir sind alle dazu geboren worden, die Helden unseres eigenen Lebens zu werden. Damit dies gelingen kann, bedarf es allerdings eines gewissen Einsatzes, um wirklich die beste Version seiner selbst werden zu können. Jeder Tag des Trainings bringt uns Stück für Stück näher hin zu diesem Ziel.

Insbesondere Männer können ihr gesamtes Potential in Bezug auf Beruf, Familie, Selbstverwirklichung, Gesundheit, Sport und vieles mehr enorm steigern, wenn sie auch an ihren inneren, unterbewussten und biochemischen Stellschrauben hier und da gezielt nachjustieren. Diese Weiterentwicklung strahlt dann in alle Aufgabenbereiche des Lebens aus. Und das ruhig auf ganz typisch männliche Art und Weise. Sie müssen sich dazu nicht verbiegen, sondern sie folgen vielmehr ihrem inneren Kompass.

Männliche Stärke und physische Präsenz einerseits sowie seelische Ausgeglichenheit, mentale Meisterschaft und psychische Dominanz (über sich selbst) andererseits sind nämlich keine Gegensätze. Vielmehr handelt es sich um weitere Mosaikstücke auf dem Weg, die beste (männliche) Version seiner selbst zu werden.

An dieser Stelle möchte ich ansetzen. Ich habe es mir zum Ziel gemacht, dir alle dafür notwendigen grundlegenden Thematiken auf kompakte und leicht verständliche Weise näherzubringen, damit du sofort einen hohen persönlichen Nutzen für deine Vorhaben und Anliegen daraus ziehen kannst. Meine Absicht ist es gewesen, die wesentlichen „Goldkörner" aus den wichtigsten Theorien und Konzepten für dich in einem einzigen Buch zu bündeln.

Alle Themen dieses Buches stehen in einem thematischen und konzeptionellen Zusammenhang. Ich habe insbesondere dafür gesorgt, diesen Zusammenhang immer wieder herauszustellen, um so das Verständnis weiter zu erleichtern. Die Thematiken Achtsamkeit, Inneres Kind, Selbstliebe, Selbstbewusstsein und Emotionale Intelligenz sind von unschätzbarem Wert für deine individuelle Persönlichkeitsentwicklung.

Die Grundannahme aller vorgenannten Theoriekonzepte ist folgende: Alles, was du bisher in deinem Leben erlebt hast, ist bis heute in dir gespeichert. Und zwar im Unterbewusstsein. Das Unterbewusstsein steuert unser tägliches Verhalten im Erwachsenenalter viel mehr als uns klar ist. Alles, was wir täglich fühlen, denken und schlussendlich auch tun, ist zu 99% auf die gespeicherten Informationen in unserem Unterbewusstsein zurückzuführen.

Es ist nicht übertrieben zu sagen, dass wir gewissermaßen

auf *Autopilot* laufen. Dieses Autopilot-Programm läuft so lange weiter, bist du irgendetwas bewusst daran änderst. Mit dem vorliegenden Werk gebe ich dir nun eine leicht verständliche und gut nachvollziehbare Anleitung in die Hand, damit du die unbekannten Abläufe deines Unterbewusstseins verstehen, nachvollziehen und umprogrammieren kannst.

Bereits das jahrtausendealte Orakel von Delphi rief alle Ratsuchenden dazu auf: **Erkenne dich selbst!** Es ist deshalb davon auszugehen, dass schon die Weisen der Antike zu der Erkenntnis gelangt waren, dass die Lösungen so ziemlich aller Herausforderungen in der Außenwelt dadurch zu erreichen sind, dass Erkenntnis über die Innenwelt erlangt wird. Erstaunlicherweise ist dies auch der rote Faden, der alle Themen dieses Buches auf fast magische Weise miteinander verbindet.

Diese Einführung ist speziell für Männer wie dich verfasst worden. Sie liefert dir hunderte wertvolle und tiefe Einsichten, die dein Leben gezielt und bewusst bereichern werden!

Legen wir also los…

Erster Teil: Mehr Achtsamkeit für dich

Mit der Bezeichnung Achtsamkeit ist in der letzten Zeit ein wahrer Hype verbunden. So ist das Hauptwort Achtsamkeit bereits zum Synonym für eine eigene Kategorie in der Psychologie geworden. Das Wort hat Eingang in den allgemein gültigen Sprachgebrauch gefunden. Doch was ist Achtsamkeit nun gemäß Definition?

Achtsamkeit wird auch mit Mindfulness gleichgesetzt und steht für eine Reihe verschiedener und teilweise uralter Übungen, welche Atmung, Körper und Geist betreffen. Aus Indien kommt der Begriff Sati, der in fast 3000 Jahre alten Texten davon handelt, wie Achtsamkeit ins eigene Leben gebracht werden kann. Zusammengefasst meint der Begriff Sati hier einen vollständig wachen Geist zu besitzen, der ganz präsent im Hier und Jetzt ist.

Am Tag denkt jeder von uns zwischen 60.000 bis 80.000 Gedanken. Das sind Dinge, die mit der Vergangenheit zu tun haben, oder mit zukünftigen Ereignissen. Ebenfalls können Gedanken durch Emotionen wie Wut, Hass, Ärger oder Freude beeinflusst und getriggert werden. Das meiste davon denken wir nicht bewusst, sondern die Gedanken scheinen automatisch und von allein sich uns quasi aufzudrängen. Dies wäre gewissermaßen das Gegenteil von Achtsamkeit. Nur ein kleiner Teil der fast 80.000 täglichen Gedanken ist neu und damit gezielt und bewusst herbeigeführt. Das Prinzip der Achtsamkeit möchte unter anderem diesen Aspekt der gezielten Gedankenführung fördern.

In unserer gewöhnlichen, alltäglichen Wahrnehmung leben wir zu 99% sowohl in der Vergangenheit als auch in der Zukunft. Wir fühlen, denken, reden und handeln aufgrund der Erinnerungen an vergangene Situationen. So ärgern wir uns manchmal noch Jahre später über Dinge, die in der Vergangenheit passiert waren, ohne dass dies irgendetwas bringen würde.

Und auch bezüglich der Zukunft verhält es sich ähnlich. Viele Menschen sorgen sich beispielsweise über Situationen, die noch gar nicht eingetreten sind, aber die sie erwarten. Das könnte die Befürchtung sein, einen Arbeitsplatz zu verlieren oder an einer Krankheit zu erkranken. Es liegt auf der Hand, dass bei dem Umfang dieser Gedankenausflüge sehr viel Energie von dem aktuellen Moment abgesaugt wird, in dem wir uns derzeit aktuell befinden. Die Konzentration wandert immer von einem Gedanken zum nächsten hin und her, rastlos, ziellos. Unter diesen Bedingungen wird es regelmäßig schwerfallen, gegenwärtige und aktuelle Ereignisse direkt auffassen, verarbeiten und bewerten zu können. Es wird schwierig, voll präsent zu sein.

Nicht selten kann es sogar zu einer Art Sucht werden, auf diese Weise die Gedanken wandern zu lassen. Den meisten Menschen fällt es dann sehr schwer, oder es ist sogar unmöglich geworden, diese Art von Gedankenwanderung zu unterbrechen und Platz zu machen für den gegenwärtigen Moment. Das ist immer dann der Fall, wenn die Biochemie sich schon zu sehr auf schädliche Routinen eingestellt hat.

Das Problematische daran, vergangene Gedanken immer wieder zu denken und bereits erlebte Gefühle immer wieder neu zu fühlen, ist folgendes: Unser Körper kann nicht unterscheiden zwischen Vergangenheit, Gegenwart und Zukunft.

Denken wir also vergangene Gedanken und fühlen wir damit verbundene Gefühle, so ist es für unseren Körper in etwa so, als wenn sich die vergangene Situation immer und immer wiederholen würde, mit all dem damit verbundenen Stress, nachdem wir sogar irgendwann süchtig werden können. Uns würde dann sogar etwas fehlen, wenn wir nicht den vergangenen Schmerz, die vergangenen Enttäuschungen oder das Versagen immer wieder neu erinnern und erleben würden. Das klingt paradox, macht aber Sinn.

Wenn du also immer und immer zurückdenken musst, an eine unglückliche Lebenssituation in deiner Vergangenheit, an eine unglückliche Liebe, an eine verpatzte Prüfung, an einen schlimmen Unfall oder eine Krankheit oder was auch immer, dann ist es für deinen Körper am Ende so, als wenn sich dieses Ereignis immer und immer wiederholen würde. Letztendlich stellt sich eine Blockade ein, die verhindert, dass du dich stetig weiterentwickelst.

Beispiele für Situationen, die eine besondere Achtsamkeit erfordern

Um anschaulich darzustellen, worum es beim Achtsamkeitskonzept geht, werden wir im Folgenden einige Beispiele aufzählen, die dir bekannt sein dürften. Situationen, die sich im Leben von uns allen so oder so ähnlich schon abgespielt haben und immer wiederkehren. Schau mal ob bei der Aufzählung Dinge dabei sind, die auch dir bekannt vorkommen. In all diesen Fällen handelt es sich nämlich um Anwendungsgebiete für das Achtsamkeitstraining:

- Bei Routinetätigkeiten wie Autofahren, Abwasch erledigen oder Zähneputzen denkst du ständig an irgendetwas anderes.

- Du bist permanent körperlich angespannt.

- Was du bisher nicht erledigen konntest, beschäftigt dich im Gedanken oder du machst dir Sorgen über die Zukunft.

- Es fällt dir regelmäßig schwer das zu tun, was du dir vorgenommen hast, weil du noch mit anderen Gedanken beschäftigt bist und nicht abschalten kannst.

- Du fühlst dich wie im Hamsterrad gefangen und findest nicht den Ausstieg. Die Situationen prasseln über dich hinein und du fühlst dich fremdgesteuert.

- Bewertungen anderer Menschen spielen für dich eine große Rolle. Sowohl Bewertungen, die dich betreffen und von anderen kommen als auch deine Bewertungen anderen Menschen gegenüber.

- Du hörst persönlichen Gesprächen nur mit einem Ohr zu und es fällt dir schwer, dich auf dein Gegenüber zu konzentrieren.

- Du bist ungeduldig und erwartest den baldigen Eintritt eines ersehnten Ereignisses. Es fällt dir schwer diese Ungeduld auszuhalten.

- ❖ Es fällt dir zuweilen schwer zu genießen. Zum Beispiel beim Sport oder in der Freizeit oder bei einem schönen Ereignis wie einem Kinobesuch oder einem Theaterbesuch komplett da zu sein.

Solltest du dich in der überwiegenden Anzahl dieser Beispiele wiedererkennen können, dann ist Achtsamkeitstraining genau das Richtige für dich, um deine Entwicklung gewaltig nach vorne zu katapultieren zu mehr Glück, Zufriedenheit und Selbstbewusstsein.

An dieser Stelle setzt das Achtsamkeitskonzept an. Mittels gezielter Achtsamkeitsübungen soll genau dies nun trainiert werden. Nämlich den unkontrollierten und zufälligen Gedankenfluss zu unterbrechen, um sich stattdessen ganz bewusst und gezielt auf die gegenwärtigen Ereignisse zu konzentrieren. Diese Übungen sind erstmal kein Kinderspiel, sondern sind gerade am Anfang mit einem erheblichen Kraftaufwand und einer hohen Konzentration verbunden. Kein Meister ist jemals vom Himmel gefallen und so ist es auch hier.

Mit jeder Übung wirst du besser und besser darin, den gegenwärtigen Moment zu erkennen und alle vergangenen und zukünftigen Gedanken als solche zu lokalisieren und sodann erfolgreich zu suspendieren. Wie oft im Leben handelt es sich auch hier um Training, Übung und Gewöhnung. Körper, Geist und Seele waren es bisher gewohnt, nach alten Mustern zu leben.

Strömungen des Achtsamkeits-Konzepts

Bei dem allgegenwärtigen Achtsamkeitstrend handelt es sich aber gar nicht um eine neue Erscheinung. Die Wurzeln reichen, wie bereits erwähnt, einige tausend Jahre zurück und befinden sich in Indien. Unsere moderne Kultur wird bereits seit Jahrhunderten immer und immer wieder von den damals gemachten Entdeckungen beeinflusst. Was haben Oprah Winfrey, Steve Jobs, Meg Ryan oder Angelina Jolie gemeinsam? Sie alle haben vom Achtsamkeitstraining stark profitiert. Kant, Hegel und Schopenhauer, alles weltweit anerkannte Philosophie-Genies, haben von den Lehren rund um die Achtsamkeit persönlich profitiert und darüber in ihren Vorlesungen berichtet.

Der US-amerikanische Achtsamkeitsgelehrte Jon Kabat-Zinn macht gerne darauf aufmerksam, dass Meditation und Achtsamkeitstraining nichts sind, für was man sich speziell Zeit freischaufeln muss. Vielmehr findet das ganze Leben in einem meditativen Rahmen statt, wenn man das möchte und zulässt. Ihm hilft es, wenn er sich stets aktuell bewusst macht, wie schön jeder einzelne Moment für sich ist.

So ist es doch nichts Selbstverständliches, dass wir unsere Augen aufschlagen können und die Welt um uns herum sehen können, dass wir den Mund öffnen können und sprechen können, dass die Menschen um uns herum unsere Worte verstehen und wir uns austauschen können. Wer die Welt auf diese Weise wahrnimmt, der gelangt sehr schnell zu der Einsicht, dass jeder Moment im Leben etwas Besonderes ist. Jeder Moment ist ein großes Geschenk, das wir mit ebenso großer Dankbarkeit in Verbindung bringen können.

Jon Kabat-Zinn bringt es auf den Punkt, wenn er meint, dass sich für die meisten Menschen der gegenwärtige Moment so stark verengt, dass er kaum noch wahrgenommen und genossen werden kann. Die meisten Menschen befänden sich im Sog vergangener oder zukünftiger Ereignisse, also Dingen, die aktuell gar nicht stattfinden und somit irreal sind. Es handelt sich lediglich um Gedanken, verbunden mit Gefühlen, welche aus dem Unterbewusstsein stammen. Es handelt sich aber nicht um die Realität. Diese Gedanken lenken uns ab von der aktuellen Realität und von unserer Fähigkeit, diese zu gestalten und positiv zu beeinflussen. Umso höher der Grad dieser Ablenkung ist, desto negativer können die Folgen für die Betroffenen sein. Das schlägt sich letztendlich nieder in dem Grad, wie eigene Ziele letztendlich erreicht werden können. Aber auch darin, wie die persönliche körperliche Gesundheit beschaffen ist. Bis hin zur geistigen Verfassung, aber auch der Fähigkeit, glücklich sein zu können.

Großer Nutzen und Wirksamkeit

Im Achtsamkeitstraining liegt deshalb ein sehr großer Hebel zur Umgestaltung des eigenen Lebens. Wer sich des aktuellen Moments voll bewusst ist, ohne sich permanent von vergangenen oder zukünftigen Gedanken ablenken zu lassen, der kann in einem weitaus höheren Maße sein gegenwärtiges Schicksal meistern. Zum Beispiel kannst du dadurch viel eher in die Lage versetzt werden, dir Ziele vorzunehmen und kontinuierlich jeden Tag daran zu arbeiten, sodass du in Windeseile Fortschritte erzielst, von denen du vorher kaum zu träumen gewagt hast. Der Schlüssel liegt darin, es zu tun, also anzufangen.

Do it!

Dieses aktive Tun findet auch im Hier und Jetzt in der gegenwärtigen Situation statt und weder in der Vergangenheit noch in der Zukunft. Durch diese Art der Konzentration auf das Hier und Jetzt wirst du sehr schnell in die Lage versetzt werden, deine Ziele umzusetzen und nach und nach zu erreichen.

Das Achtsamkeitstraining hilft auf diese Weise Stress zu reduzieren, das eigene Leben viel besser in den Griff zu bekommen und damit lebenswerter zu machen und die Gesundheit zu fördern. Kabat-Zinn beschreibt sogar, wie Menschen schwerwiegende Krankheiten, die oftmals auch stressbedingt waren, mithilfe der Meditation und dem Achtsamkeitstraining überwinden konnten, ohne weitere ärztliche Eingriffe erdulden zu müssen. Du kannst dir vorstellen, dass eine solche Sichtweise nicht immer und überall auf das Einverständnis des *Mainstream* stoßen. Hier treffen alte fernöstliche Kultur und konservativ normative Wertvorstellungen des Westens aufeinander.

Hier und da hört man, das sei doch alles Humbug, für den es keine wissenschaftliche Bestätigung gibt. Dies widerlegt der Wissenschaftler John Kabat-Zinn schon mit seiner eigenen Person. Er ist nämlich von Hause aus Molekularbiologe und deshalb genau das Gegenteil eines fernöstlichen Meditationsmeisters. Er weist darauf hin, dass beides zwei Seiten ein und derselben Medaille sind. So ist die Wissenschaft in der Lage, die Leistungen von Meditation wissenschaftlich zu belegen und sogar anhand der Messung von Gehirnströmen sehr deutlich sichtbar werden zu lassen. Da die Bevölkerung in unseren Breitengraden aufgrund Herkunft und Sozialisation sehr wissenschaftsgläubig ist, scheinen sich aufgrund dieser Belege nun größere Türen zu öffnen. Die Menschen erkennen nach und nach, dass die Wissenschaft bestätigt, was

Buddha & Co. bereits in der Vergangenheit prognostiziert haben.

Neuroplastizität meint, dass unser Gehirn sich repetitiven, also wiederholenden Tätigkeiten, nach und nach anpasst. Meditation ist etwas sehr stark Wiederholendes. Durch das tägliche Training wird sich dein Gehirn also nach und deinen neuen Bedürfnissen anpassen. Das ist ungefähr vergleichbar mit einem Muskeltraining. Wenn du regelmäßig mit Gewichten trainierst, wird sich deine Muskulatur nach und nach den neuen Herausforderungen anpassen und wachsen. Und genauso verhält es sich mit deinem Gehirn. Je intensiver und ausdauernder du dich mit Meditation und Achtsamkeitstraining beschäftigst, desto mehr werden die dafür verantwortlichen Gehirnareale sich ausprägen und verstärken. Das Achtsamkeitstraining wird dir mit der Zeit immer leichter fallen und die Erfolge deiner Bemühungen werden immer weiterwachsen.

In der Epigenetik (Teilgebiet der Biologie, Zellentwicklung unter Umwelteinflüssen) geht das Ganze sogar noch einen großen Schritt weiter. Es wurde wissenschaftlich bestätigt, dass durch Meditation die Genexpression gezielt positiv beeinflusst werden kann. Wie dieser Mechanismus funktioniert, ist nach wie vor unklar. Das es jedoch funktioniert, ist bewiesen.

Jeder von uns hat schon mal den Begriff Placebo-Effekt gehört und wir wissen alle was damit gemeint ist. Wenn du nur stark genug daran glaubst und fest genug davon überzeugt bist, so kannst du in vielen, wenn nicht sogar in allen Krankheitsbildern vollständige Heilung erfahren. Und das auch ohne Zugabe von „*echten*" Medikamenten und ärztlichen Eingriffen. Ein ähnlicher Effekt scheint bezüglich der Meditation vorzuliegen. Mittels der vollständigen Konzentration auf den gegenwärtigen Moment und durch das Abschalten negativer Gedankenströme steht anscheinend ein Großteil der körpereigenen Energie wieder zur Verfügung. Zum Beispiel zur inneren Heilung und zur Stärkung des Immunsystems. Kann es wirklich so einfach sein? Haben wir etwa die ganze Zeit lang übersehen, dass wir mittels solch leicht zu erlernender Methoden unsere Gesundheit erheblich steigern können?

Die Besonderheit des Menschen

Homo sapiens sapiens meint das Wesen, das sich dessen bewusst ist, dass es weiß. Wir sind wohl als einzige Wesen auf diesem Planeten in der Lage, bewusst unsere eigenen Gedanken und Gefühle aus einer Metaperspektive heraus zu hinterfragen. Wir wissen also, dass wir wissen. Viel Leid auf unserer Erde ist hausgemacht und entsteht nur deshalb, weil Menschen individuell mit sich selbst nicht im Einklang sind und ihre Unzufriedenheit auf andere projizieren. Sie suchen die Lösung im Außen, was nicht gelingen kann. Die Welt könnte also sehr schnell insgesamt verbessert werden, wenn jeder einzelne Mensch an sich und seinen **Stärken** arbeiten würde. Achtsamkeitstraining kann dazu ein entscheidender Schlüssel sein.

Eng verbunden mit dem Achtsamkeitstraining ist die Vorstellung davon, nicht zu urteilen. Doch was können wir darunter verstehen, nicht zu urteilen? Man könnte es so verstehen, dass man sich entkoppelt von seinen automatischen Wertvorstellungen, Bedürfnissen und Entscheidungsmustern, sich von ihnen gewissermaßen entfremdet. Dies ist jedoch überhaupt nicht gemeint. Gemeint ist die Bindung zu diesen unmittelbaren Handlungsmustern zu lockern oder zu lösen und gelassener zu werden, ohne gleich auf jeden Einfluss unmittelbar zu reagieren. Es geht also darum, Dinge entspannter zu betrachten und auch einmal **abwarten** zu können.

Achtsamkeit wird als das Herz der Buddhistischen Meditation bezeichnet. In den asiatischen Regionen ist das Wort für Herz und für Geist allerdings dasselbe. Dies führt uns zurück zu dem mit dem Achtsamkeitsbegriff synonymen Wort *Mindfulness*. In diesem Sinne meint Mindfulness eben auch Herzlichkeit. Damit eröffnet sich eine völlig neue Vorstellung von Meditation, in deren Sinne Geist und Herz im Einklang miteinander sind, miteinander in Resonanz geraten.

Was vielen Menschen überhaupt nicht geläufig sein dürfte, ist nämlich die folgende Tatsache: Nicht nur unser Kopf besitzt Nervenzellen, sondern ähnliche etwas kleinere Nervenzentren befinden sich auch in anderen Bereichen unseres Körpers. So zum Beispiel im Herzen aber auch im Bauchraum.

Wie intelligent würde zum Beispiel unser Bauch sein, wenn wir uns vorstellen, dass er unser Hauptgehirn wäre? Du wirst sicherlich auch das Sprichwort kennen: Höre auf dein Bauchgefühl. Da ist mehr dran, als man denkt. So geht die moderne Wissenschaft mittlerweile davon aus, dass die in unserem Bauch beheimateten Nervenbahnen über genauso viel Kapazität verfügen, wie das Gehirn eines Hundes!

Nicht selten treffen wir Entscheidungen aus dem Bauch, was gut sein kann. Ebenso verhält es sich mit Herzensentscheidungen. Unser Herz verfügt über ein eigenständiges neuronales System mit circa 40.000 Nervenzellen. Das sogenannte Herzgehirn ist sogar in der Lage, Kurzzeit- und Langzeitinformationen zu speichern. Herz, Bauch und Gehirn, sowie die anderen Bereiche des Körpers, stehen aber in Verbindung und in Wechselwirkung zueinander. In diesem größeren Zusammenhang bedeutet Mindfulness mehr, als wir mit dem Wort Achtsamkeit auszudrücken imstande sind. Das Wort Mindfulness bezieht sich auf die Gesamtheit deines Körpers und auf alle seine Funktionen.

Angewandte Achtsamkeit in der Praxis

Angewandte Achtsamkeit wirkt sich aber auch unmittelbar auf die sozialen Beziehungen und Kontakte und auf das soziale Miteinander zum Beispiel im Kreise der Familie, bei der Arbeit oder in der Gesellschaft aus. Wer die Regeln der Achtsamkeit anwenden kann oder sogar schon beherrscht, der ist vielmehr im Hier und Jetzt als anderswo. Dessen Gedanken schweifen kaum noch ab. Diese Person schaut dann beispielsweise weniger auf die Uhr, fühlt sich nicht mehr so vom Außen getrieben und ist entspannt und bei sich. Der ein oder andere kennt solche Personen und wir empfinden es dann als äußerst angenehm, diese Präsenz zu spüren. Es fühlt sich einfach gut an, sich mit Menschen zu umgeben, die unabhängig von ihrem Status, ihren Aufgaben, ihren Vorkenntnissen oder ihren Absichten innerhalb eines Gesprächs oder eines Treffens ganz hier und bei uns sind.

Umgekehrt merken wir sofort, wenn diese Eigenschaft fehlt. Dann schweift unser Gesprächspartner im Gespräch ab und wir spüren, dass er unseren Gedankengängen und unseren Worten gar nicht folgen kann oder will. In solchen Fällen sind diese Personen von anderen Einflüssen gesteuert. Wir empfinden das in aller Regel als unangenehm. Auch auf diese soziale Weise kann man Achtsamkeit definieren und ihre Bedeutung erklären.

Am Beispiel der Kindererziehung kann Achtsamkeit Folgendes bedeuten: Kinder haben in ihren Eltern die stärksten Bezugspersonen. Dies ist von Natur aus gegeben. Eltern in unserer modernen Gesellschaft sind eingebunden in komplexe Systeme (insbesondere gesellschaftliche Normen / Normen der Arbeitswelt). Viele Eltern haben es deshalb schwer, in den wenigen Momenten, in denen sie mit ihren Kindern zusammen sind, voll und ganz präsent zu sein. Da nagt zum Beispiel noch irgendeine Erinnerung vom Arbeitstag oder der Gedanke an ein morgiges Meeting lenkt aus der Gegenwart ab. Vielleicht muss noch ein Telefonat geführt werden oder ein Schriftstück verfasst werden und so sind die Gedanken oft nicht bei denen, bei denen sie sein sollten: Bei unseren Liebsten.

Wer dies ab sofort erkennt und versteht, der hat nun aber die Chance das Ruder herumzureißen. Wenn du also Vater eines oder mehrere Kinder bist, und du fragst dich was bisher dazu geführt hat, dass du die Welt deiner Kinder nur bruchstückhaft verstanden hast und Handlungen deiner Kinder nicht gut nachvollziehen konntest, so könnte es daran liegen, dass du noch nicht den entscheidenden Schritt gewagt hast, im Kreise deiner Familie vollständig abzuschalten und dich voll und ganz auf die Gegenwart einzulassen. Die Chance besteht darin, dass du mit Hilfe dieser neu gewonnenen Aufmerksamkeit auch deinem Kind signalisierst:

Du bist mir wichtiger als meine Arbeit, mein Beruf und meine Karriere. So wichtig diese Dinge auch sein mögen, ich werde sie zu einem anderen Zeitpunkt fortsetzen. Aber jetzt werde ich voll und ganz bei dir sein, dir zuhören, zuschauen und mitbekommen, was du für Anliegen, Wünsche oder Träume hast und all das gerne mit dir zusammen reflektieren.

Klingt eigentlich ganz einfach. In der Realität bedarf es ein bisschen Übung. Der Schlüssel ist wie bei allem: **Du musst es tun.** Im Tun liegt wie meist im Leben ein großer Hebel, die Theorie in gelebte Praxis umzusetzen. Hier fängt es an, für den einen oder anderen kompliziert zu werden, denn wir sind doch alle ein bisschen über biochemischen Abläufe unseren eigenen Gedanken und Gefühlen verhaftet. Zukünftigem oder Vergangenem wollen wir nachhängen und uns eben nicht auf die Gegenwart einlassen. Wir sind es schlichtweg so gewohnt. Die erste Regel lautet also: **Lasse los!**

Dieses Loslassen erfordert schon ein hohes Maß an Bereitschaft, Energie und Training. Selten wird das sofort gelingen und die Gedanken rund um Beruf, Karriere und Co. werden sich auch zu Hause im Kreis der Familie immer wieder aufdrängen. **Gib dem nicht nach!** Sei Herr deiner Emotionen und deiner Gedanken. Befiehl dir gewissermaßen selbst, wann es Zeit ist, sich um berufliche Dinge zu kümmern und wann diese Dinge ruhen.

Zwei Sachen gleichzeitig können wir nicht tun. Menschen sind zu Multitasking nämlich *nicht* geschaffen (andere Annahmen sind leider falsch, sorry). Ein vertrauensvolles und gewinnbringendes Gespräch oder einfach nur ein Zusammensein zum Beispiel im Kreise deiner Familie oder deinen Kindern wird nur gelingen, wenn du beginnst, in diesen Zeiträumen alles andere loszulassen und dich voll und ganz auf den Moment einzulassen.

Der bereits erwähnte Achtsamkeitsexperte Jon Kabat-Zinn spricht rückblickend auf seine fünfzigjährige Meditations-Historie von einer Liebesbeziehung mit dem Leben. Er ist davon überzeugt, dass wir in jedem Moment, in dem wir voll und ganz präsent sind, im Hier und Jetzt unser Leben neugestalten und formen können. Tun wir dies nicht und sind wir ständig mit unseren Gedanken woanders, dann würden wir hingegen die schönsten Momente in unserem Leben ständig verpassen. Auch für ihn gilt der prägnante Grundsatz:

„Egal wo du bist: Sei da!“

Achtsamkeitsübungen als Form der Meditation

Nun - bei Meditation ist es so ähnlich wie beim Sport. Es gibt ja auch nicht nur eine Sportart, sondern viele Sportarten wie Fußball, Hockey, Schwimmen, Radfahren usw. und auch bei der Meditation verhält es sich so, denn es gibt nicht nur einen Weg der Meditation. Die Menschen praktizieren jeweils von Region zu Region und von Kultur zu Kultur die Meditation in ihrer höchst eigenen Art und Weise.

Die Achtsamkeitsmeditation, von der wir hier sprechen, ist also als ein Teil des meditativen Universums anzusehen. Die Achtsamkeitsmeditation geht von der Vorstellung aus, dass die meisten von uns durch Erinnerungen aus der Vergangenheit oder durch Sorgen über die Zukunft permanent getriggert werden. Über komplizierte biochemische Vorgänge sind wir mit dieser Art zu leben leider sehr eng vernetzt und können diesem engmaschigen Netz ohne Anstrengung nicht mehr entrinnen.

Um diesem Autopilot-System zu entkommen, müssen wir einen Hebel ansetzen. Und dieser Hebel wird gebildet durch die Achtsamkeitsmeditation. Eine solche Meditation muss nicht unbedingt im Schneidersitz stattfinden, so wie man sich das meist vorstellt. Jeder Moment und jede Situation im Leben können ein Anlass für eine solche Achtsamkeitsmeditation bieten. Insbesondere dann, wenn sich immer wieder aufdrängende Gedanken und Emotionen fast schon einen quälenden Charakter haben, ist es sehr sinnvoll, diesen Mechanismus ganz bewusst und gezielt zu durchbrechen.

Eine ganz einfache Übung kann darin bestehen, einen Spontanspaziergang dazu zu nutzen, ohne konkretes Ziel und ohne konkretes Vorhaben die Umgebung auf sich wirken zu lassen und dabei voll und ganz präsent zu sein. Wenn du Kinder hast, dann mache diese Übung unbedingt mit deinen Kindern zusammen. Wenn nicht, dann mache das gerne mit einer lieben Person oder einem guten Kumpel. Es ist aber auch genauso allein möglich.

Begibt dich dazu in die Natur, zum Beispiel in ein weitläufiges Waldgebiet, an einen einsamen Strand oder ein Flussufer, wenn du in den Bergen bist, dann geh dort spazieren. Nimm einen kleinen Rucksack mit Proviant und ein paar praktische Dinge für unterwegs mit, wie zum Beispiel eine Nässeschutzjacke und an kalten Tagen Handschuhe und Mütze. Ein praktisches Taschenmesser kann ebenso nützlich sein. Das Handy schaltest du auf stumm und so gehst du also los und lässt einfach alles auf dich wirken, was dir begegnet.

Was im ersten Moment ziemlich unspektakulär und sogar langweilig klingen mag, kann sich sehr schnell als ein spannendes Abenteuer entpuppen. Du wirst unterwegs tolle Beobachtungen in der Natur machen, du wirst seltene Steine und Mineralien finden, du wirst überraschende Tierbeobachtungen machen, du wirst dem Gesang der Vögel aktiv zuhören und zum ersten Mal feststellen, wie vielseitig diese Geräusche klingen, du wirst den Verlauf der Wolken am Himmel verfolgen und du wirst spüren, wie die Sonne deine Haut wärmt und wie der leichte Wind für Erfrischung sorgt.

Unterwegs wirst du sicherlich den ein oder anderen Fund machen, der dein zu Hause ab sofort schmücken wird. Das können besondere Steine, am Strand gefundene besondere Muscheln oder angeschwemmtes Strandgut sein. Unser halbes Haus ist geschmückt mit solchen außergewöhnlichen Fundstücken, die wir auf unzähligen dieser Ausflüge mit der Familie gesammelt haben. Darunter sind ein angeschwemmter Rettungsring mit sicherlich bewegter Geschichte, Wrackteile eines demontierten Schiffes, Flaschenposten sowie besondere Fundstücke aus Fauna und Flora, viele wunderschöne Steine und vieles mehr. Ohne das eigentlich zu wollen, fühlten wir uns während dieser Abenteuerausflüge wie elektrisiert von dem gegenwärtigen Moment und von unseren unglaublichen Entdeckungen, mit denen wir überhaupt nicht gerechnet hatten.

Kinder haben von Natur aus für solche Exkursionen ein Talent. Insbesondere in jungen Jahren haben sie nicht so wie Erwachsene das Bedürfnis, sich ständig an irgendetwas zu erinnern oder die Zukunft zu planen. Sie sind quasi geborene Achtsamkeits-Experten. Es ist ihnen egal, ob das Ganze ein, zwei, drei, vier oder fünf Stunden dauert, denn sie verlieren das Gefühl für die Zeit. Sie sind ganz *da*, wenn sie so spielen und forschen. Sie sind im *Flow*.

Dann wird an einem schönen Ort ein kleines Picknick veranstaltet und auch hier ist jeder Moment eine Besonderheit, die mit keinem Fünf-Sterne-Hotel aufzuwiegen wäre. Wenn es leicht anfängt zu regnen oder es kälter wird, so freust du dich umso mehr, dass du entsprechende Schutzkleidung eingepackt hast. Die Heimkehr ins warme zu Hause wird umso schöner werden, wenn es unterwegs auch ein bisschen stürmisch war. So freust du dich plötzlich über die einfachsten Dinge und hast auf einem dieser Ausflüge hunderte neue Eindrücke gesammelt, die dein Unterbewusstsein beflügeln werden und dich spüren lassen, dass du Teil einer ganz realen Welt bist. Dies ist deshalb auch eine Form von Meditation, die sofort Entspannung bewirkt und dich fit werden lässt für alle anderen Aufgaben, die in deinem Leben anstehen.

Sich in der Natur zu bewegen ist außerdem gut für die Gesundheit. Durch die neuen Eindrücke die unweigerlich kommen, wirst du automatisch motiviert von belastenden Erinnerung oder zukünftigen Sorgen loszulassen.

Der Unterschied zwischen einer strengeren und einer freieren Form der Achtsamkeitsmeditation

Althergebracht denken wir bei Meditation spontan immer an das Bild vom Lotussitz. In Wahrheit handelt es sich hier um eine Form der Meditation in ihrer etwas strengeren Anwendung. Umgekehrt kann es aber auch so sein, dass die Meditation *freestyle* stattfindet.

Wie eben schon beschrieben, können ganz alltägliche Situationen dafür genommen werden. Wie wir gerade gelernt haben, sind Kinder hierbei die besten Lehrmeister. Wer Kinder schon mal aufmerksam beobachtet hat, der weiß, dass es insbesondere für junge Kinder nur eines Blattes Papiers, ein paar Steinen oder Hölzern bedarf, um im Kinderzimmer oder draußen in der Natur im Sand oder in der Erde stundenlange Fantasiespiele durchzuführen, bei denen alle gegenwärtigen Erscheinungen eine großartige Rolle spielen. Für das Spiel ist nichts weiter von Nöten als das, was gerade vorhanden ist und es wird trotz dieser Begrenztheit das Allerbeste aus der Situation herausgeholt.

Aus der Kreativitätsforschung wissen wir, dass die allergrößten kreativen Errungenschaften aus solch einfachen Settings entstehen. Je mehr der Mensch aber quasi gezwungen ist, aus dem Wenigen etwas zu machen, desto aufmerksamer wird er für die realen und tatsächlich vorhandenen Gegebenheiten. Immer dann merkst du, über welche Fähigkeiten du tatsächlich verfügst.

Nicht umsonst sagt man ja auch „Not macht erfinderisch“. Damit ist nichts anderes gemeint, als dass wir im Grunde genommen nicht viel benötigen, sondern dass in einer Art Askese ein unglaublicher Reichtum und eine Fülle liegen, die uns aus sämtlichen Klöstern dieser Welt bekannt sein dürfte. Mönche in aller Welt leben immer so asketisch. So gesehen kann dann das ganze Leben eine Art Meditation werden, egal welche Möglichkeiten man zur Verfügung hat.

Das eigentliche Ziel liegt aber tatsächlich darin, dein ganzes Leben meditativ zu gestalten und das Erlernte täglich zur Anwendung und zur Entfaltung zu bringen.

Ganz sicher ist es hilfreich, wenn du dir das nötige Umfeld suchst, das dich bei diesem Vorhaben unterstützt. Gut ist es also, wenn du Gleichgesinnte bei deiner Arbeit, in deiner Familie und in deinem sozialen Umfeld hast, die deine Absichten teilen, so dass man sich gegenseitig motivieren und unterstützen kann. Denn unser soziales Umfeld prägt uns mehr, als uns bewusst ist.

Umsetzung der Freestyle-Achtsamkeit

Es sind ja nicht nur die eigenen Gedanken, die einen regelmäßig an die Vergangenheit erinnern oder an zukünftige Sorgen denken lassen. Oft ist es ja auch unser Umfeld, mit dem wir täglich Kontakt haben, dass uns an vergangene oder zukünftige Ereignisse erinnert und so unsere **Un-**Achtsamkeit wiederum triggert.

Es ist also gar nicht so ohne weiteres möglich, aus diesem immer fortlaufenden und sich selbst verstärkenden Prozess auszusteigen. Einerseits kommt es also darauf an, die eigenen Gedanken so zu beeinflussen, das Vergangenes und Zukünftiges weichen dürfen zugunsten der jetzt stattfindenden Geschehnisse. Andererseits ist es aber auch eine wichtige Disziplin, sein Umfeld nötigenfalls zu verändern oder anzupassen. So darfst du dir einen Freiraum schaffen in deiner Art und Weise zu leben, der anderen nicht ermöglicht, dich bei deinem Vorhaben zu stören.

Was die meisten Menschen in unserem Umfeld nämlich nicht beachten, ist die Tatsache, dass die Zeit eine Erfindung beziehungsweise eine Vorstellung ist (Vergangenheit, Zukunft, Zeitmessung in Sekunden, Stunden, Tagen, Wochen Monaten und Jahren), die keine reale Entsprechung hat. Das mag erstaunen, denn wir alle sind so sehr daran gewöhnt täglich auf die Uhr zu schauen und Termine in unseren Kalender einzutragen, sodass wir fest davon überzeugt sind Vergangenheit und Zukunft gäbe es in der Wirklichkeit. Aber so ist es nicht.

In Wirklichkeit gibt es nur das JETZT.

Also immer nur den aktuellen Moment. Das ist auch das Einzige, was du selbst beeinflussen kannst. Was früher einmal war, kannst du sowieso nicht mehr ändern. Was in Zukunft kommen wird, das steht gewissermaßen in den Sternen. Aber für was du ganz sicherlich Verantwortung übernehmen darfst, das ist die Jetztzeit und alles, was darin passiert. Dies wird dir am besten gelingen, wenn du ganz präsent im Hier und Jetzt bist. Stell dir mal vor, welche Energie du freisetzen kannst, wenn du ab sofort so handelst.

Jede alltägliche Gelegenheit stellt eine Möglichkeit dar, Achtsamkeit zu üben. Dies können so banale Tätigkeiten wie Abwaschen oder Zähneputzen sein. Ist es nicht so, dass du bei diesen Tätigkeiten deine Gedanken schweifen lässt und gar nicht bei der Sache bist? Dass du über dies oder jenes noch nachdenkst oder sogar schon grübelst? Kann es sein, dass diese alltäglichen Tätigkeiten dann manchmal unvollständig erledigt werden, dass du dabei wichtige Dinge vergisst, falsch machst oder einfach nur lange brauchst? Kommt es bei dir auch manchmal vor, dass du schon bei der Hausarbeit oder bei täglichen Erledigungen genervt bist? Kann es sein, dass das nicht an den Tätigkeiten selbst liegt, sondern an den Gedanken, die hier kreisen?

Und bereits bei dieser Erkenntnis beginnt die Übung: Bist du dir dessen bewusst, so kannst du sofort handeln. Das Instrument der Achtsamkeit steht dir immer und überall zur Verfügung, wo du dich gerade aufhältst und was auch immer du gerade tust. Konzentrierst du dich also gezielt und bewusst auf deine Arbeit, so kannst du sie viel effektiver, flotter und zielstrebiger durchführen und am Ende hat es sogar noch Spaß gemacht.

Wenn du während der Arbeitszeit ganz bei der Arbeit bist und dafür in der Freizeit ganz bei dir beziehungsweise bei deiner Familie, dann kannst du beides zufriedenstellend und für dich in glücklicher Weise umsetzen. Der Fehler, der meistens gemacht wird, ist beide Welten miteinander zu vermischen. Wir sind weder bei dem einen noch bei dem anderen vollpräsent. Gerade in unserer heutigen digitalisierten Welt, in der die Grenzen zwischen Arbeitswelt und privater Welt immer weiter verschwimmen, ist es wichtig, dass wir das Regulativ der Achtsamkeit beherrschen lernen, um sofort umschalten zu können von der einen auf die andere Situation, ohne uns dabei gestresst zu fühlen. Wer dies jetzt zu seiner Chefaufgabe macht und täglich übt, der wird sein ganzes Leben lang von dieser Kompetenz profitieren können. So viel ist sicher.

Übung macht den Meister.

Es ist so ähnlich wie im Sport. Wer irgendwann mal Tennisprofi werden will oder ein erfolgreicher Schwimmer, der schafft das ja auch nicht innerhalb weniger Tage oder Wochen. Es erfordert schon einiges an Übung und Training, um zu dieser Meisterschaft zu gelangen. Aber ebenso wie es im

Sport so ist, so ist es auch beim Achtsamkeitstraining, bei dem du nicht gleich mit der Meisterschaft abschließen wirst, aber bei dem du jeden Tag besser und besser werden wirst. Du musst also nicht auf eine statische Meditationsübung warten, sondern du darfst die Hinweise aus diesem Buch in dein tägliches Leben einfließen lassen, um direkt davon zu profitieren und deinen Erfahrungsschatz wachsen zu lassen. Noch heute!

Nicht zwei oder drei Dinge gleichzeitig machen und nicht zu früh urteilen

Zwei weitere wichtige Regeln gilt es zu beachten. Die erste lautet:

Mache nicht mehrere Sachen gleichzeitig, sondern immer nur eine Sache.

Anders als es uns in unserem Leben oftmals beigebracht wurde, ist es wenig ratsam, mehrere Dinge gleichzeitig zu machen. Kurz gesagt: Multitasking funktioniert nicht. Nicht nur bei uns Menschen nicht, sondern selbst Computer sind dazu nicht wirklich in der Lage. Es kommt uns nur so vor. In Wirklichkeit arbeiten selbst Computer immer *nacheinander*, aber nur eben in einer sehr hohen Geschwindigkeit. Warum soll das bei uns Menschen anders sein?

Idealerweise erledigst du eine Sache nach der nächsten und bist voll präsent immer bei dem, was du gerade tust. Es kann sein, dass dir dieser Vorgang anfangs langsamer vorkommt. In Wirklichkeit ist es aber so, dass du alles präzise erledigst und wenn du eine Sache präzise erledigt hast, dann musst du auch nicht mehr zu ihr zurückkehren, denn es gibt daran nichts mehr zu verändern oder zu verbessern. Merke: Langsam ist präzise und präzise ist schnell.

Die andere Regel lautet: **Urteile nicht zu früh.**

Allzu schnell wollen wir Situationen beurteilen in gut oder schlecht, sinnvoll oder sinnlos, wir beurteilen Situationen, aber auch Menschen. Das trägt nur selten dazu bei, dass wir uns der Lösung und Klärung der Situation widmen. Auch kann uns das die Augen verschließen, vor Chancen und Möglichkeiten, die wir auf den ersten Blick nicht gleich erkennen. Wer also allzu schnell urteilt, baut vor seinem geistigen Auge sinnbildlich eine Mauer, die ihm die weitere Sicht versperrt. Lass die Situation erstmal wirken und dich inspirieren.

Ein Beispiel:

Hat dein Kind zur vorgegebenen Zeit mal wieder die Hausaufgaben nicht vollständig erledigt, so Urteile nicht direkt und *verurteile* dein Kind nicht. Schau dir einen Moment lang erstmal die Situation an und hinterfrage, wie die aktuelle Lage deines Kindes ist. So wirst du schnell rausfinden, dass es möglicherweise Gründe für das anscheinende Fehlverhalten gab. Es kann sein, dass die Hausaufgaben nicht klar vorgegeben waren, dass das Schulbuch für dein Kind missverständlich ist oder dein Kind aufgrund eines Ereignisses an diesem Tag abgelenkt war.

Du merkst, wer hier zu schnell urteilen würde, könnte den eigentlichen Moment der Erkenntnis verpassen. Wer zunächst aufmerksam beobachtet und wirken lässt, was er hört oder sieht, wer sich nicht vom Stress und der eigenen Biochemie auf der Nase herumtanzen lässt, der erweitert seinen Erkenntnisbereich immens und findet die besseren Lösungsansätze. Kurz gesagt verhindert ein zu schnelles Urteil eine gute Lösung. Das ist immer so. Ausgenommen sind echte Notsituationen, die eine sofortige Angriffs- oder Fluchtreaktion erfordern. Das sind aber Ausnahmen und nicht die Regel. Oft handeln Menschen im Alltag aber so, als handele es sich um eine Notsituationen, was in der Mehrzahl der Fälle nicht der Fall ist. Schnelle Urteile beruhen aber meist immer auf den Erfahrungen, die wir in der Vergangenheit gemacht haben.

Lässt du in dem letzten Beispiel dein Kind aber erst mal zu Wort kommen, so wird es fast immer so sein, dass dein Urteil am Ende ganz anders ausfällt, denn du hast aktiv zugehört und kannst nun die Gründe für das Versäumnis deines Kindes nachvollziehen. Deine darauffolgenden Maßnahmen werden in einem viel höheren Maße angemessen sein und zielführend. Die Lösung könnte also zum Beispiel darin liegen, einen Anreiz zu geben mit den Worten:

„Wenn du deine Hausaufgaben erledigt hast, belohnen wir beide uns mit einer Folge deiner Lieblingsserie. Also mach es jetzt einfach so schnell wie es geht und zeige mir kurz deine Ergebnisse. Danach machen wir es uns sofort gemütlich. Was hältst du davon?“

Dieselbe Systematik begegnet uns aber auch bei jedem anderen sozialen Kontakt. Du kannst diese Verfahrensweise deshalb auch auf den Umgang mit Kollegen, Freunden oder deiner Partnerin übertragen. Wie oft hat es nicht jeder von uns schon erlebt, dass eine kleine Unstimmigkeit plötzlich in einen destruktiven Streit mündet. Nicht umsonst heißt es deshalb, man solle erst mal in Ruhe bis zehn zählen und dabei tief ein- und ausatmen. Will heißen: Auch hier wird die Situation nicht sofort beurteilt, sondern man tritt erst mal einen Schritt zurück und lässt die Situation noch eine Weile wirken.

Anschließend sucht man bewusst und gezielt *konstruktive* Lösungsansätze, die für alle Beteiligten und für die Sache, um die es geht optimal sind. Ich weiß aus eigener Erfahrung wieviel Training und Geduld dieser Ansatz benötigt. Doch dass er optimal dafür geeignet ist, um gemeinsam schneller voranzukommen, steht völlig außer Frage.

Achtsamkeit, Flow und der Moment

Achtsamkeit hat aber noch einen anderen Zusammenhang. Wenn du schon mal in einem Vorgang tief versunken warst, dann kennst du sicherlich das Flowerlebnis. In diesem Zustand verlieren Raum und Zeit ihre Bedeutung. Es kann sein, dass du einem Hobby nachgehst wie Malen, Musizieren oder Sport. Das *Runners-High* beim Marathon geht in dieselbe Richtung.

Raum und Zeit, Erinnerung und Zukunft, all das verliert an Bedeutung und verschwindet ab einem bestimmten Punkt vollständig. Vielleicht hast du ja so ein Hobby, bei dem du voll aufgehst und bei dem die Tages- und Nachtzeit keine Rolle mehr spielen und du weder Sorgen noch Nöte kennst. All dies stellt den Idealzustand von Achtsamkeit dar oder wie die Amerikaner sagen Mindfulness. Wie wir weiter oben schon gehört haben, meint das amerikanische Mindfulness in der Tat auch den Einklang von Geist, Körper, Herz und Seele. Man könnte dies auch mit *purem Glück* gleichsetzen.

Jetzt bekommst du ein größeres Gespür dafür, wohin die Reise in Wirklichkeit geht. Es geht also nicht darum zu erlernen, wie du bloß deine Leistung steigerst. In diesem größeren

Rahmen geht es vielmehr darum, welche Wege du gehen darfst, um ganzheitlich zu wachsen.

Nun gibt es im Leben nicht nur eitel Sonnenschein. Auch unser Wetter ist nicht nur geprägt von blauem Himmel, denn manchmal gibt es auch Wolken, Regen oder das ein oder andere Gewitter. An Dingen, die unser Leben gewissermaßen überschatten, werden wir nicht vollständig vorbeikommen können. Was wir aber tun können, ist unsere Sichtweise auf die Dinge zu verändern und uns anzufreunden mit der Vorstellung, dass jeder Moment seinen Sinn haben kann.

Und passiert auch ein Unglück, so wird es gewiss vorübergehen. Die Frage ist nämlich, wie lange wir uns von negativen Ereignissen in Beschlag nehmen lassen. Das wäre ungefähr so, als wenn wir uns noch wochenlang an einen besonders regnerischen Tag erinnern würden und dabei komplett übersehen, dass schon seit vielen Tagen dauerhaft die Sonne scheint. Kurzum: Die Regentage gehen vorbei. Wir müssen sie nicht erinnern.

Das Leben ist ein Auf und Ab, es verläuft in Zyklen. Viele Dinge können wir nicht unmittelbar ändern. Wir können deshalb zuerst *unsere Sichtweise* darauf ändern. Je weniger du urteilst und je mehr du dich auf die gegenwärtige Situation und ihre Möglichkeiten fokussierst, desto weniger wirst du gefangen sein von nervigen Denkprozeduren aus deinem Unterbewusstsein, was alles anders, besser oder schöner sein könnte. Du wirst freier werden durch diese nüchterne, fokussierte und gegenwärtige Haltung.

Konzentriere Dich! – Dann wird vieles leichter.

Die einfachen Dinge sind meist auch die besten

Wenn wir unseren alltäglichen Beschäftigungen nachgehen, ist uns meistens nicht bewusst, wie gut es uns geht. Und das meine ich unabhängig von Status, Einkommen oder sozialer Zugehörigkeit. Denn die meisten Menschen verfügen über zwei gesunde Augen, über gesunde Ohren, über einen Geschmackssinn, über ein funktionierendes Geruchsorgan, über Arme, Hände, Füße und einen Mund, mit dem sie sprechen können. Wie wunderbar diese biologischen Vorgänge funktionieren, merken wir meist erst dann, wenn sie es nicht mehr tun.

Wer beispielsweise plötzlich an einer Atemwegserkrankung leidet und wem so auf diese Weise von der einen auf die andere Stunde förmlich die Luft wegbleibt, der stellt plötzlich fest, wie segenbringend und wertvoll jeder noch so kleine Atemzug ist. Und er wünscht sich insgeheim und hofft bald wieder in vollen Zügen atmen zu können. Wer mal einen Tennisarm hatte aufgrund permanenter Überbelastung und infolgedessen seinen Arm nicht wie gewohnt bewegen konnte, der ist mit einem Mal sehr dankbar für jede langsame Greifbewegung, die er dennoch schmerzfrei durchführen kann. Alles dauert viel länger und wird viel bewusster wahrgenommen.

Wieviel glücklicher könnten wir also sein, wenn solche Beschwerden gar nicht vorliegen. Wir müssten jeden Tag vor Freude an die Decke hüpfen, dankbar sein und jeden Augenblick genießen. Belastende Gedanken dürften an sich gar keine Chance haben, wenn wir uns das einmal bewusstwerden lassen.

Du hast also allen Grund dazu, den gegenwärtigen Moment in vollen Zügen zu genießen. Du kannst das Beste für dich daraus machen. Hierin liegt die größte Chance dein Leben zu meistern, stetig weiter zu wachsen und zu reifen.

Durch Studien wurde herausgefunden, dass Menschen die Hälfte des Tages über andere Dinge nachdenken als über die, mit denen sie gerade im Moment beschäftigt sind. Diese Art des Denkens macht sie in der Regel unglücklich. Umgekehrt ist es so, dass die Menschen immer dann am glücklichsten sind, wenn sie mit ihren Gedanken bei der Sache sind, die sie gerade tun. Soweit die Forschung.

Doch was hält uns davon ab, unsere Gedanken zu fokussieren? Es ist schlichtweg so, dass die Gedanken sich aufdrängen aufgrund **biochemischer Vorgänge**, an die wir uns gewöhnt haben, von denen wir gewissermaßen abhängig sind. Die Denkweisen sind einfach zu sehr eingeschliffen worden über die Jahre.

Als Kinder hatten wir keine Probleme mit Achtsamkeit und Flowerlebnissen. Wenn du zurückdenkst, dann erinnerst du dich vielleicht an viele tolle Erlebnisse in deiner Kindheit, bei denen du Spaß hattest, bei denen du unbegrenzt glücklich warst und voll im Moment. Doch irgendwann sind wir dann in die Schule gekommen, später kam die Arbeit dazu und alles verlief nicht mehr so reibungslos. Wir fingen an, uns Gedanken zu machen, was mal nicht so gut gelaufen war oder was man besser machen kann, und das Gedankenkarussell nahm seinen Lauf. Einmal angeworfen ist dieses Gedankenkarussell aber nur schwer wieder anzuhalten.

Unser Unterbewusstsein ist sehr mächtig. Alle Glaubenssätze werden hierin abgespeichert und beeinflussen unser Bewusstsein, auch wenn wir das gar nicht mitbekommen. Wieder zurückzufinden zu der kindlichen Sichtweise ist also ein ganz schönes Stück Arbeit, aber es ist machbar. Kinder sind so unbeschwert und sind mit Kleinigkeiten schon so zufrieden, wie es Erwachsene kaum noch sein können. Wir dürfen uns ein großes Beispiel an diesem Bild nehmen und gerne wieder den Weg zurück finden zu dieser Lebensweise.

Bestimmen unsere Gedanken uns oder bestimmen wir unsere Gedanken?

Die meisten Menschen würden mit mir übereinstimmen, wenn ich behaupte, dass Gedankenverlorenheit eher unglücklich macht. Möglicherweise siehst du das ähnlich. Mir ist auch niemand bekannt, der jemals behauptet hätte, das aufdringliche Gedankengänge motivieren oder glücklich machen würden. Tatsächlich ist es doch so, dass wir immer dann am glücklichsten sind, wenn wir uns gezielt und bewusst für eine Sache entscheiden, der wir uns dann voll und ganz hingeben und alles andere dabei ausblenden.

Im Übrigen ist es unser gutes Recht so zu handeln, denn es ist *unser* Leben und wir haben nur diese eine Chance es so zu leben, wie wir wollen. Es wird im Übrigen auch schwer die Welt zu verbessern oder zu gestalten, wenn wir nicht zuerst in der Lage sind uns selbst zu verbessern und zu gestalten. Wir können auch nicht alles auf einmal erledigen und somit bleibt nur die Wahl, den Moment zu gestalten. Wir dürfen das und das ist gut so.

Unsere wahllosen Gedanken sollten also nicht wie Pingpong durch unseren Geist springen, sondern unser Selbst ist dafür geschaffen, unsere sämtlichen Körpervorgänge und damit auch unsere Gedanken zu gestalten. Unser Selbst, also unsere bewusste Entscheidungskraft was wir tun und was wir lassen wollen, ist der Boss. Ebenso wie ein Orchester nicht wahllos durcheinander spielt, sondern von einem Dirigenten geleitet wird. Oder jede erfolgreiche Fußballmannschaft einen Coach hat, der jedem Spieler sagt, was zu tun ist. Wer in diesem Team partout nicht nach den Regeln des Coaches spielen will, der wird sich einiges anhören müssen. Kannst du dir ein Fußball Team vorstellen, bei dem jeder Spieler kommt und geht, wann er will, und tut was will? Oder kannst du dir ein Orchester vorstellen, bei dem Einzelinstrumente dann intonieren, wenn es den Künstlern in den Sinn kommt? Die so laut und inbrünstig spielen, dass sie andere Instrumente absichtlich übertönen und sich in den Vordergrund spielen? Man kann sich leicht denken, dass das eine amüsante Show wäre, die man sich aber nicht allzu lange antun möchte, weil es schlichtweg in einem Chaos enden würde.

Genau unter diesem Gedankenchaos leiden die meisten Menschen und erkennen dabei nicht, dass sie selbst der Dirigent oder der Coach sein *könnten*, um im Bild zu bleiben. Der Grund, warum sie es dennoch nicht tun, ist vielschichtig. Das hat sicherlich viel mit unserer Unkenntnis über den eigenen Körper und insbesondere seine Abläufe zu tun, es hat mit Erziehung zu tun, es hat mit den Schulen zu tun, die wir besucht haben und möglicherweise mit der Gesellschaft als Ganzes, ihren Normen und Verhaltensmustern. Wir sind gewissermaßen hier und da falsch programmiert worden.

Die gute Nachricht lautet: **Wir können das wieder ändern!**

Zunächst einmal jeder für sich allein. Indem du lernst als Chef deines eigenen Körpers inklusive deiner Gedanken und Gefühle aufzutreten, bist du achtsam gegenüber allem, was um dich herum, aber auch in dir selbst passiert. Bist du achtsam, kannst du handeln, indem du entgegensteuerst, deinen Standpunkt veränderst, und ganz gezielt und bewusst auf die gegenwärtigen Situationen achtest. Dein Orchester soll so spielen wie du es möchtest. Dein Fußball Team soll das machen, was du dir vorstellst.

Wutausbrüche frühzeitig verhindern

Jedem von uns passiert es regelmäßig mehr oder weniger, dass wir gestresst oder genervt sind und uns Verhaltensweisen von anderen Menschen extrem provozieren oder anstacheln. Wie wir darauf reagieren oder wie wir das Verhalten der anderen Menschen beurteilen, hat aber oft nichts mit der Situation selber zu tun, sondern mit unseren Glaubenssätzen.

Wenn wir also bisher gewohnt waren, unter ähnlichen Umständen aus der Haut zu fahren, laut zu werden oder einen Wutausbruch zu erleiden, dann wird es in Zukunft auch kaum anders sein. Letztendlich leiden wir aber selbst darunter, weil wir sehr schnell erkennen, dass es falsch war so zu reagieren und anschließend ärgern wir uns über uns selbst. Das muss nicht sein.

Wer im Moment des Stresses achtsam ist (einige Sekunden reichen bereits), kommt zu einem verzögerten Urteil. Dieses Urteil ist dann kaum noch affektgeladen, sondern bewusst und ausgeglichen. Wenn du bereits weißt, wie du normalerweise reagieren würdest, aber diese Reaktion bewusst nicht abrufst, dann hast du eine echte Chance neue Lösungsansätze in genau diesem Moment zu finden. Du siehst in dem Moment deine eigenen Emotionen und du siehst, wie deine bisherige Verhaltensweise sich anbietet, aber anstatt sie zuzulassen, betrachtest du sie und entscheidest dich dann für eine andere Verhaltensweise. Lass dir ein bisschen Zeit und beruhige das Gemüt. Ich weiß: Das ist manchmal leichter gesagt als getan und erfordert einiges an Achtsamkeitstraining.

Wie werde ich zu einer achtsamen Persönlichkeit?

Übung macht den Meister. Und die ist auch erforderlich, wenn es zu einer tiefgreifenden Veränderung kommen soll. Dies hat folgenden Hintergrund: Unser Gehirn besteht aus unzähligen neuronalen Netzwerken, die nicht etwa durch Zufall oder von Geburt an bestehen, sondern die sich ständig verändern und entwickeln. Und zwar entwickeln sie sich so wie wir denken, fühlen und handeln. Man spricht hierbei von Neuroplastizität, also der Fähigkeit des Gehirns sich an unsere Denk- und Handlungsmuster anzupassen.

Ein Beispiel: Bist du kein Talent in Mathematik, so ist es durch Übung dennoch möglich, eines zu werden. Wenn du also täglich Mathematik übst, zum Beispiel weil du das Wissen für einen beruflichen Werdegang brauchst, dann wirst du in überschaubarer Zeit eine enorme Steigerung erfahren. Und zwar nicht nur deshalb, weil du vermeintlich Neues dazulernst, sondern auch, weil deine Gehirnareale, die für den Bereich Mathematik zuständig sind, wachsen und sich komplett neu vernetzen. Das abstrakte mathematische Denken wird dir nach entsprechend regelmäßigen Übungen immer leichter und leichter fallen.

Das ist vergleichbar mit einem Kraftsportler, der Gewichte stemmt. Am Anfang ist das gewählte Gewicht noch schwer und man kann sich gar nicht vorstellen, damit viele Wiederholungen zu schaffen. Nach entsprechender Zeit und Trainingseinheiten wird dieses Gewicht irgendwann zum Kinderspiel und eine Gewichtssteigerung, also eine Zunahme der Intensität, steht automatisch an.

Genauso ist es bei Denkaufgaben. Unser Gehirn passt sich den Anforderungen mit der Zeit an. Dieser Fakt ist weitläufig unbekannt. Im Alltag sprechen wir manchmal von Gehirntraining, und daran ist viel mehr wahr, als uns selber bisher bewusst gewesen ist. Wir können unser Gehirn in einem enormen Maße trainieren und unsere Fähigkeiten diesbezüglich sehr stark durch Übung und Training steigern.

Wenn es also bisher unsere Gewohnheit war, von morgens bis abends unsere Gedanken schweifen zu lassen und uns durch unsere internen Verdrahtungen diktieren zu lassen, was wir gerade zu denken und zu fühlen haben, dann deshalb, weil sich unser Gehirn diesem Prozedere bereits *angepasst* hat. Werde also zu deinem eigenen Coach und achte gezielt und bewusst auf das, was in dir abläuft. Du musst davon ausgehen, dass solche Veränderungsprozesse nicht in kurzer Zeit passieren können. Deine neuronalen Vernetzungen können sich nicht innerhalb von Stunden oder Tagen komplett anpassen. Das dauert schon eine Weile. Rechne mal mit einigen Wochen und Monaten, bis du aufgrund deiner täglichen Übungen eine wirklich bleibende und tiefgründige Veränderung wahrnimmst. Danach geht es aber deutlich schneller voran, und die neuen neuronalen Verknüpfungen werden stabil halten. Das ist der Lohn deines Trainings.

Das Gegenteil der Achtsamkeit ist die Achtlosigkeit. Man könnte sie auch als Unachtsamkeit bezeichnen. In diesem Zustand befindet sich die Mehrheit aller Menschen jeden Tag. Augenscheinlich wird dies durch die vielschichtigen Probleme, mit denen unser Planet konfrontiert ist. Ich meine hierbei Umweltzerstörung, Kriege, Konflikte oder Kriminalität jeder Art. Im Grunde könnte jeder Mensch schnell darauf kommen, dass das Leid, welches er anderen zufügt (nicht nur Menschen, sondern auch Tieren und Pflanzen) am Ende auf ihn selber zurückfällt.

Aber die meisten Menschen sind so achtlos, dass sie im Modus des Autopiloten nicht zu dieser Denkleistung imstande sind. Der Weg hin zur Achtsamkeit ist deshalb auch ein Weg hin zu einem besseren Umgang mit unserem Planeten und zu einem besseren Umgang mit unseren Mitmenschen.

Gewohnheiten durchschauen und Gewohnheiten ändern

Zum einen ist es so, wie eben bereits beschrieben, dass wir aufgrund unserer gesammelten Lebenserfahrungen wie durch einen Art Autopiloten gesteuert werden. In den meisten Fällen bedeutet es, dass wir auf immer selbe Situationen mit der immer selben Art und Weise reagieren. Nur wenn wir uns dieses Autopiloten bewusstwerden, also ganz gezielt und bewusst darauf achten, welche Gefühle oder Gedanken uns in den jeweiligen Momenten ereilen, können wir steuernd eingreifen und für neue Handlungsmuster sorgen. Dieser Weg ist mit Achtsamkeitsübungen verbunden.

Es gibt aber auch einen umgekehrten Weg, der zu einem gleichen Ziel führt, nämlich der Änderung des Verhaltens. Wer also ab sofort in der Praxis übt, freundlich und zuvorkommend zu sein und dafür jede Gelegenheit nutzt, für den wird diese Freundlichkeit und Zuvorkommenheit zu einer neuen Gewohnheit werden, obwohl er vorher möglicherweise kühl und zurückweisend war. Auch durch aktive Handlungen entstehen neue Gewohnheiten, die sich wiederum auf unsere Gedanken auswirken. Das wäre dann der umgekehrte Prozess. Kurz gesagt: Wer Nettigkeit durch aktives Tun übt, der wird unmöglich gleichzeitig einen Wutausbruch erleiden können.

Beide Techniken führen zum selben Ziel. Am besten geht man vor, indem man beide Techniken sinnvoll miteinander verknüpft.

Die eigene Komfortzone verlassen

Der Weg ist das Ziel. Um den ganzen Prozess weiter zu forcieren, kannst du von dir aus proaktiv Situationen herbeiführen, die ausschließlich deiner Übung dienen. Dazu ist es gut, wenn du deine Komfortzone verlässt. Komfortzone meint alle eingelaufenen Wege und Pfade, also die bisherigen Gewohnheiten, mit denen man sich arrangiert hat und über die man im Alltäglichen nicht mehr reflektiert.

Komfortzone aber auch deshalb, weil diese Gewohnheiten so angenehm geworden sind, dass wir uns nicht mehr von ihnen lösen möchten. Es braucht schon ein bisschen Anschub und der kommt von dir selbst.

Mit Hilfe einfacher Übungen ist es möglich, deine Gehirnplastizität wirksam anzuregen und die Neu-Verknüpfung der Gehirnzellen zu fördern. Im Folgenden nun einige Übungen, die dir als Anregung dienen können:

- Wähle ein anderes Fortbewegungsmittel zur Arbeit. Wenn möglich gehe zu Fuß, fahre mit dem Fahrrad oder nutze die öffentlichen Verkehrsmittel. Verlasse die Komfortzone und stelle dich neuen Herausforderungen. Was am Anfang frustrierend erscheint, wird sehr schnell durch die eine oder andere Überraschung belohnt werden. Dein Blick wird sich weiten und dein Horizont wird sich vergrößern durch die vielen neuen Eindrücke und Erfahrungen, welche du hierbei sammeln wirst. Ganz nebenbei tust du dabei auch einiges für die Umwelt und für deine persönliche Gesundheit. Du wirst neue Möglichkeiten entdecken wie zum Beispiel eine Bäckerei, die auf dem Weg liegt und die du zu Fuß viel besser erreichen kannst als mit dem Auto. Oder der Park, der auf dem Rückweg direkt als Naherholungsgebiet dient. Du kommst auf sowas nicht, wenn du immer dieselben eingetretenen Pfade nutzt. Inspiration entsteht durch neue Eindrücke und neue Verknüpfungen.

- Probiere neue Lebensmittel aus. Allzu oft essen wir tagein tagaus dasselbe. Wir greifen im Supermarkt automatisch zu denselben Lebensmitteln, weil sie uns zur Gewohnheit geworden sind, anstatt neue

Dinge auszuprobieren. Dabei sind Essen und Trinken sinnliche Erfahrungen, die der körperlichen Kräftigung dienen, sowie das Wohlbefinden aber auch die geistige Entwicklung fördern. Das ist wirklich die leichteste Übung, die jeder sofort machen kann: Suche beim nächsten Einkauf im Supermarkt vier oder fünf neuartige Lebensmittel, die du vorher noch nie probiert hast. Idealerweise natürlich gesundes Essen, also mal den einen oder anderen neuen Salat, ein exklusives Stück Fleisch zu einem ebenso exklusiven Preis und aus der Superfood Abteilung Spirulinapulver, Blütenpollen oder Naturhonig. Gesundes Essen und Trinken beeinflusst unsere Gesundheit natürlich positiv. Unabhängig davon wirst du ganz neue Geschmackserfahrungen machen. Dein Gehirn erhält neue Informationen und beginnt über anscheinend Altbekanntes völlig neu nachzudenken. Vielleicht ändert sich dadurch dauerhaft deinen Speiseplan?

- Wenn du gerne liest, dann besorge dir eine Mitgliedskarte deiner Bücherei oder Bibliothek. Bibliotheken sind ideal, um sich inspirieren zu lassen durch Themen, auf die man von alleine niemals gekommen wäre. Du schlenderst zwischen den Regalen auf und ab und irgendein Titel oder ein Cover springt dich förmlich an. Dein Gehirn erhält völlig neue Impulse und die Synapsen werden vor Freude Polonaise tanzen. Wer weiß, wohin so eine Inspirative Beschäftigung führen kann. Vielleicht entsteht dadurch ein neues Hobby oder du erhältst Lehren und Hinweise, die dein Leben hier und da sinnvoll bereichern können.

❖ Ebenso machst du es bei deiner Filmauswahl auf Netflix. Bist du Aktion-Fan dann schaue mal eine Komödie, siehst du normalerweise gerne Liebesfilme, dann suche dir mal einen Science-Fiction-Film aus oder umgekehrt. Indem wir den Horizont weiten und unserem Gehirn neues Futter geben, erweitern sich auch unsere Möglichkeiten zu Denken und zu Handeln ganz automatisch. Wir alle wissen doch instinktiv, wie aufregend es ist, etwas völlig Neues zu erleben. Das Thema Achtsamkeitstraining funktioniert hier quasi automatisch, weil wir bei einem neuen Erlebnis immer auf alle Details achten, und uns ganz in der Sache verlieren. Alte Gedanken oder zukünftige Sorgen werden automatisch ersetzt durch die jetzigen Sinneseindrücke. Dasselbe mit Musik oder Radio. Wähle ein anderes Genre oder einen anderen Stil, eine andere Musikrichtung oder einen anderen Sender und beobachte mal, wie sich das Ganze auf dich auswirkt, was du empfindest und wie es sich anfühlt. Wenn du dich gut dabei fühlst und Lust hast du tanzen, dann mach es doch einfach. Dann entsteht der Flow. Du bist ganz im Hier und Jetzt. Du fühlst dich vielleicht so lebendig wie schon lange nicht mehr.

❖ Es gibt so ein Sprichwort, das besagt: Du bist immer der Durchschnitt der fünf Leute, mit denen du dich am meisten gibst. Bist du bereits mit tollen Leuten in deiner Umgebung gesegnet? Herzlichen Glückwunsch! Bei vielen Menschen, die sich verändern wollen, trifft das aber nicht zu. Sie tun bereits ganz viel, um ihre Persönlichkeit nach vorne zu bringen und sich zu verändern, aber haben es schwer, weil ihr Umfeld sie immer wieder zurückzieht und nicht loslassen möchte. Hier hilft nur eins: Lerne neue Leute kennen und ergänze oder ersetze dein bisheriges Umfeld durch Menschen, mit denen du dich aktuell besser identifizieren kannst und die deinen Idealen und persönlichen Entwicklungszielen eher entsprechen. Dein Bewusstsein und dein Unterbewusstsein erhalten so die richtigen Anreize und die richtigen Entsprechungen, sich so zu entwickeln, wie du es gerne hättest. Hast du dir zum Beispiel schon länger vorgenommen endlich regelmäßig Sport zu treiben, du hast aber in deinem direkten Umfeld nur Menschen um dich herum, für die Sport ein Unwort ist, dann wirst du dein neues Ziel nicht lange verfolgen können. Such dir also dringend Leute, die regelmäßig mit dir Sport machen wollen, die dich ebenfalls motivieren oder dich sogar für gemeinsame Termine abholen.

❖ Man kann über die elektronischen Medien denken, was man will. Richtig genutzt bieten sie allerdings unschlagbare Vorteile, die es bisher in der Geschichte der Menschheit noch nie gab. Dies gilt vor allem und in erster Linie für die Aneignung von neuem Wissen. Das Internet ist für (fast) jeden Menschen günstig zu haben, du kannst zu jedem möglichen Thema eine Fülle von Informationen aus verschiedensten Quellen finden. Es ist also ohne weiteres möglich, mittels Smartphone oder PC von zu Hause aus alle weltweit zugänglichen Informationen sofort zu dir zu holen und dein Wissen und deine Fähigkeiten zu bereichern. Heute ist die Hürde zur Aneignung von neuem Wissen unglaublich niedrig geworden. Dies gilt es zu nutzen! Nichts ist leichter als YouTube aufzurufen und sich einen Wissenskanal nach dem nächsten reinzuziehen. Die Qualität der Kanäle ist mittlerweile auf einem so hohen Niveau, das es immer Spaß macht, sich das Ganze anzuschauen. Und die Grenzen zwischen Lernen und Unterhaltung verschwimmen. Per Knopfdruck kannst du dich inspirieren lassen von Profisportlern, Filmschauspielern, Wissenschaftlern, Erfindern, Historikern oder Unternehmern. Du kannst von ihren gesammelten Erfahrungen direkt profitieren, ohne vor Ort sein zu müssen. Du musst diese Leute weder persönlich treffen noch kontaktieren, sondern hörst dir einfach an, was sie zu sagen haben. Unser Gehirn erhält hier eine Unmenge von neuen Hochwert-Informationen, die mit Geld kaum aufzuwiegen wären. Auch wenn nicht alles sofort sinnvoll erscheint, so geht es schlicht darum, das Gehirn neu zu füttern mit unbekannten Informationen. Deine Gedanken über die Vergangenheit oder deine Sorgen über die Zukunft werden diesem neuen Informationsfluss schnell weichen. So kann Achtsamkeitstraining auch stattfinden.

- Probiere neue Dinge aus: Suche dir ein neues Hobby. Wie wäre es mit Modellbau, Bergsteigen, Fotografieren oder Malen? Erledige handwerkliche Arbeiten zu Hause selbst. Wie wäre es, wenn du deinen Garten oder deine Terrasse verschönerst, Eigenanbau mit Salat, Gurken oder Tomaten betreibst oder wenn du ein Zimmer in deinem Zuhause neu streichst oder tapezierst? Wenn das Dinge sind, die du noch nie gemacht hast, ist das umso besser. Es gibt nichts Beglückenderes, als das Werk seiner eigenen Hände unmittelbar bestaunen zu können. Solche Eindrücke ziehen dich förmlich magnetisch in die Gegenwart. Und außerdem macht es Spaß! Aber auch noch lange danach wirst du dein eigenes Werk bestaunen können und von diesen schönen Momenten profitieren können.

Naivität, Neugier, Anfängergeist

„Jedem Anfang wohnt ein Zauber inne", so schrieb bereits Hermann Hesse.

Wer so durchs Leben geht, dem fällt es nicht schwer, Neues zu entdecken und dabei viel Spaß zu haben. Immer dann, wenn wir neue Sachen ausprobieren, sei es eine neue Sportart, ein neues Gericht oder wenn wir neue Leute kennenlernen, wenn wir ein neues Hobby entfalten oder eine neue Berufstätigkeit aufnehmen, immer dann greift der Anfängergeist, der getragen ist von Naivität und Neugier.

Wir saugen förmlich alles an neuen Informationen auf, was wir bekommen können. Wir suchen nach neuen Möglichkeiten und neuen Verknüpfungen. Unser Gehirn hat Spaß daran, mit solchen Aufgaben konfrontiert zu werden. In diesen Momenten fühlen wir uns belebt und erneuert. Endlich hat der alte Trott ein Ende und etwas Neues beginnt. In solchen Momenten sind wir *ganz*. Unsere Aufmerksamkeit gilt dem aktuellen Geschehen. Wir vergessen schnell was früher einmal war, und lassen uns voll und ganz auf die neue Situation ein.

Alle kreativen Menschen haben diese Eigenschaft in besonderem Maße. Sie schaffen es, auf magische Weise gewöhnlichen Dingen ganz neue Aspekte abzugewinnen, die vorher noch niemand außer ihnen gesehen oder wahrgenommen hatte. Später wundert sich das Publikum, wie der Künstler auf diese Neuerungen kommen konnte, wie er dazu fähig war. In diesem Sinne haben kreative Menschen ein besonders hohes Maß an Mindfulness.

Mit Hilfe des Anfängergeistes wird es uns möglich, auch Dinge, die wir kennen, mit ganz neuen Augen wahrzunehmen. Es kann sich hierbei um dein Lieblingsmusikstück handeln oder um deinen Lieblingsfilm. Achte dabei mal auf Dinge, die du vorher überhaupt nicht fokussiert hattest. Plötzlich fallen die Besonderheiten auf, die dieses Gesamtkunstwerk in einem völlig neuen Licht erblicken lassen. Du bist überrascht von deiner Entdeckung und mit dem Moment und dem aktuellen Geschehen beschäftigt. Wenn du so handelst, dann sperrst du die Vergangenheit aus und bist ganz dem aktuellen Moment verhaftet. Hierin liegt der besondere Zauber. Denn wenn du das immer wieder versuchst und trainierst, dann wirst du tatsächlich immer wieder Überraschungen erleben, die anderen Menschen in deiner Umgebung verwehrt bleiben können.

Was Anfängergeist meint, können wir am besten von kleinen Kindern lernen. Achte mal darauf, wie vier- oder fünfjährige Kinder Gegenstände, Menschen oder Situationen betrachten. Du kannst an ihrem Verhalten deutlich ablesen, wie sie interessiert, aufmerksam und fasziniert auf der Suche sind nach neuen Entdeckungen. Sie wollen einfach alles wissen und saugen alle Erfahrungen und Informationen tief in sich auf.

Also machen wir es doch einfach so und lernen von den Kleinsten. Jedem von uns dürfte das im Grunde genommen möglich sein, denn jeder von uns war mal klein und jeder hat diesen Anfängergeist immer noch tief in sich schlummern. Wecken wir ihn wieder auf und befreien wir das Kind in uns, damit es unser Erwachsenenleben bereichern kann.

Wir kennen solches Verhalten auch unter dem Begriff:

Out-of-the-box

Wenn du nicht den Weg gehst, den alle gehen, wenn du Altbewährtes völlig neu betrachtest von einem anderen Standpunkt mit einer anderen Herangehensweise, etablierte Systeme hinterfragst und analysierst, um zu völlig neuen Erkenntnissen zu kommen, dann bist du auf dem richtigen Weg. Die Standardwege werden von den meisten Menschen gegangen. Aber nur wenige haben den Mut, diese großen Autobahnen zu verlassen, um die Wege abseits davon zu erforschen, obwohl hier die allergrößten Überraschungen und Entdeckungen warten. Mach es dir zur Gewohnheit nach Alternativen zu suchen, nach besonderen Pfaden, die außer dir noch niemand gegangen ist. Das erfordert vor allen Dingen deinen **Mut** und deine **Entschlossenheit** und es erfordert, dass du dich von deiner Umgebung nicht davon abhalten lässt.

Belohnt wirst du mit wunderbaren Erlebnissen, neuen Eindrücken und wertvollen Erkenntnissen, welche anderen Menschen in der Regel verwehrt bleiben. Immer dann, wenn du zu hören bekommst, *man macht das so oder so*, *das hat so oder so zu sein, das war schon immer so* und dergleichen, dann solltest du dich in Acht nehmen. Denn dann hast du es mit den Gegnern der Achtsamkeit zu tun, welche dich in deinem Fortkommen behindern.

Out-of-the-Box meint, nicht im gewohnten Rahmen zu denken und zu handeln, sondern den Rahmen des Gewohnten zu verlassen und dabei auf völlig Neues zu stoßen. Nachher, wenn du dein Ziel erreicht hast, wird es ohnehin so sein, dass alle Kritiker verstummt sind und dich plötzlich bewundern für deine Leistungen, die sie sodann nachahmen wollen. Wir kenne das alle vom weltberühmten „*Ei des Kolumbus*“.

Durch deine exakten Beobachtungen, deine neuen Erkenntnisse, durch die Fokussierung auf die gegenwärtige Realität und durch das Weglassen alter Gedankenmuster oder zukünftiger Sorgen, bist du in der Lage langsam, aber präzise Neues auszuarbeiten und du wirst langfristig davon profitieren. Dein Leben kann so in neue Bahnen geraten und sich dynamisch verändern.

Nicht aufgeben

Warum handeln aber nicht alle Menschen so innovativ? Nun – es erfordert schon den nötigen Einsatz und Durchhaltewillen, um unterwegs nicht kehrtzumachen. Insbesondere wenn die Übung noch etwas fehlt, wirkt die stark befahrene Autobahn meist attraktiver und der unbekannte Weg durch das Waldstück mag beschwerlich vorkommen. Aber dies gilt ganz sicherlich als eine wichtige Lebensregel: Entwicklung findet nur am Widerstand statt. Das ist beim Sport so, wo die Athleten Gewichte heben oder Trainingsstunden absolvieren, um sich ganz absichtlich zu erschöpfen und danach Ihren Körper zu besonderem Wachstum anzuregen. Keiner dieser Sportler würde auf die Idee kommen, ohne entsprechendes Training in einen Wettkampf zu gehen.

Ebenso verhält es sich aber mit unserem geistigen Training. Nur wenn wir die gewohnten und angenehmen Autobahnspuren verlassen und unentdeckte möglicherweise holprige Pfade aufsuchen, werden wir unser Gehirn zu Neuverknüpfung und Wachstum anregen. Leben, Entwicklung und Wachstum sind nur über diesen Weg möglich. **Willst du dich also entwickeln und persönlich wachsen, dann suche immer diese Wege abseits des Mainstreams.**

Die Achtsamkeitsmeditation

Neben der bereits beschriebenen, eher lockeren und spontanen Freestyle-Methode, um Achtsamkeit in deinem Leben zu integrieren, gibt es die konkrete Achtsamkeitsmeditation, für die du dich jeden Tag mindestens zehn Minuten zurückziehen solltest. Schön ist es, wenn du jeden Tag diese zehn Minuten regelmäßig meditieren kannst.

Schon über dem Apollon-Tempel von Delphi (Orakel von Delphi) stand die Losung „Erkenne dich selbst".

Du darfst bei deiner Meditation erkennen und verstehen, dass es einen Unterschied gibt zwischen deinem Selbst und den Gefühlen und Gedanken, die in dir schwirren, kommen und gehen und sich von der einen auf die andere Minute ändern können. Hierbei handelt es sich natürlich auch um einen Teil von dir. Es sind die Mitglieder deines Orchesters, denen du vorstehst. Sie sind Teil eines Ganzen. Aber dieses Ganze hat eine Zentrale: Das Selbst, mit dem du in der Lage bist, alle diese Teile zu betrachten und zu disponieren. Wenn man eine Definition für das Ich finden müsste und das Ich auf das Wesentlichste reduzieren müsste, so wäre das Ich gleich das Selbst, also der eben beschrieben Teil der Persönlichkeit.

Manchmal spielt einer der Streicher, besonders gefühlvoll eine Melodie, die dir besonders zu Herzen geht. Dann wiederum hörst du intensive Drumms, welche Schwung geben und dich nach vorne treiben. Deinem persönlichen Ensemble gehören so viele verschiedene Künstler (Gefühle und Gedanken) an, dass es dringend eines Dirigenten bedarf, um diese vielen Einflüsse und Strömungen zu harmonisieren.

Der Dirigent, das bist du. Du hast die Pflicht und das Recht als Dirigent deines eigenen Lebens deine inneren Abläufe bewusst und gezielt in die richtigen Bahnen zu lenken. Allem Anschein nach sind wir die einzige Spezies auf diesem Planeten, die dazu in der Lage ist – und ehrlicherweise meistens darauf verzichtet, was schade ist. Wie viel mehr könnten wir erreichen, wenn wir dieses „Selbst“ nach vorne stellen würden, wie einen Dirigenten, der den Takt angibt.

Nichts anderes übst du bei der Achtsamkeitsmeditation. Darum geht es. Gefühle und Gedanken, die dich im Moment nerven, die du gerade gar nicht gebrauchen kannst, darfst du gezielt ersetzen durch proaktive Gedanken, mit denen du dich eigentlich beschäftigen möchtest, um in deinem selbstgewählten Fokus zu bleiben. Setze also für alles, was du gerade nicht denken möchtest, einfach einen Gedanken, der deiner bewussten Wahl entspricht. Beschäftigte deinen Geist mit

Dingen, die dich erfreuen, dir Spaß machen und dich glücklich machen. Man kann nicht einen glücklichen Gedanken und einen störenden Gedanken gleichzeitig denken. Das ist unmöglich.

Wenn es dir also schwerfallen sollte, in der Achtsamkeitsmeditation wirklich abzuschalten und alte störende Gedanken immer und immer wieder kommen, dann ist das zunächst völlig normal. Die Biochemie des Menschen ist aufgrund von Gewohnheiten so eingestellt, dass wir meist gar nicht anders können, als so zu ticken. Eine bewährte Technik ist es deshalb, neue und gezielt gewählte Gedanken zu setzen und damit den alten Gedanken den Weg zu versperren. Hin und wieder wirst du merken, wie sie trotzdem versuchen sich durchzumogeln.

Jetzt kommt die Achtsamkeit ins Spiel. Dir selbst (Dirigent) fällt das auf, was hier gerade passiert ist. Du intervenierst sofort und setzt wieder den Gedanken ein, der dir viel besser gefällt an dieser Stelle. Der Gedanke, der sich reingemogelt hatte, verschwindet sodann.

Durch ein solches tägliches Training erlernst du schnell die Grundtechnik der Achtsamkeit (Mindfulness) und wie du sie erfolgreich immer und überall anwenden kannst. Training ist der Schlüssel, um vom Anfänger zum Fortgeschrittenen und später zur Meisterschaft zu gelangen. Aller Anfang ist schwer. Das ist normal. Später wird es dann schnell leichter. Tu es einfach! Fang an!

Meditation durch Handlungen

Durch aktives Handeln können wir unsere Lebenssituationen jeweils ändern, in andere Bahnen lenken und neue Ufer erreichen. *Do it! Just do it!*

Du kannst wochenlang darüber nachdenken, was in deinem Leben bisher vielleicht nicht optimal gelaufen ist (machen ganz viele Menschen) oder du kannst aufgrund bewusster und gezielt herbeigeführter Entscheidungen jetzt ins Handeln kommen und aufgrund dieser Handlungen fokussiert sein auf die Jetztzeit, auf das aktuelle Geschehen, also auf die Gegenwart. Da wir nicht beides gleichzeitig tun können (also gedanklich in der Vergangenheit verweilen und uns dem aktuellen Geschehen widmen), werden störende Gedanken an dieser Stelle keine Chance mehr haben.

Wer den Wunsch hat, ein bestimmtes Hobby auszuüben, einer bestimmten Tätigkeit nachzugehen oder einfach nur mehr Sport zu machen, der sollte sofort beginnen, sich aktiv damit zu befassen. Anfangen! So lautet das Credo. Wer anfängt, der lebt nicht mehr in der Vergangenheit und in der Zukunft, sondern in der Gegenwart, und kann spüren und wahrnehmen, wie seine Entscheidungen Realität annehmen. Komm also so schnell wie möglich in die Handlung.

Viele Menschen denken, sie müssen erst dies oder das geklärt haben, bis sie innerlich befreit genug wären, mit einer neuen Sache zu starten. Getreu dem Motto: Erst die Pflicht, dann die Kür. Oder anders ausgedrückt: Erst die Arbeit, dann der Spaß. Das ist aber der falsche Weg, der nur dazu führen wird, dass man sich immer mehr mit der alten Sache weiterhin beschäftigt, die man eigentlich überwinden wollte. Ein sehr großer Hebel liegt jedoch darin, direkt mit der neuen erwünschten Sache zu beginnen, also einfach anzufangen mit

Sport, gesunder Ernährung, Lesen, Malen, soziale Kontakte, neuer Beruf, und so weiter. Alle Lernerfahrungen kommen dann unterwegs und das Alte weicht automatisch dem Neuen.

Dein gesamter Körper bis hin zu den neuronalen Vernetzungen im Gehirn befindet sich in einem steten Wandel. Du hast richtig gelesen: Alles ist im Fluss, auch du! Das hatte schon der griechische Philosoph Heraklit vor etwa 2500 Jahren erkannt. Unser Körper ist nicht auf alle Zeiten festgelegt, sondern kann gezielt in eine bestimmte Richtung gelenkt und weiterentwickelt werden. Diesen Effekt gilt es mitzunehmen, indem du von Anfang an auf Wandel setzt. Wer heute mit etwas Neuem beginnt, dessen Körper und Geist werden sich auf Wandel programmieren.

Umgebungswechsel, Ortswechsel, Berufswechsel, Erweiterung des Bekannten- und Freundeskreises können sofort erhebliche Effekte haben. Stelle dich den neuen Aufgaben und fang einfach an. Du bist dann automatisch viel mehr im Hier und Jetzt. Und das tut richtig gut!

Mehr annehmen, weniger urteilen

Die meisten Menschen neigen dazu, jede Situation gleich zu beurteilen, zu bewerten oder zu kommentieren. Sei es direkt im Gespräch oder auch nur in ihrem Verstand. Indem man aber beurteilt oder bewertet, steckt man Situationen und Erfahrungen direkt in vorgefertigte Schubladen. Das Achtsamkeitstraining fördert in dir die Eigenschaft, dieses Urteil aufzuschieben und lediglich zu erleben, was gerade passiert. Es also auszuhalten.

Sofortige Reaktionen wie Wut, Ärger oder Ablehnung wirken hinderlich auf uns, weil wir den Rest des Geschehens dann nicht mehr aktiv wahrnehmen. Wir haben unser Urteil getroffen und sind nicht mehr bereit, uns von Neuem überraschen zu lassen. Wir fliegen auf Autopilot und handeln nach Routinen aus unserem Unterbewusstsein. Wir übersehen dann Chancen und Lösungen, die sich uns im weiteren Verlauf anbieten.

Umso länger du dich nicht festlegst in Form eines abschließenden Urteils, bist du eher in der Lage Lösungsansätze, Chancen oder Möglichkeiten zu erkennen und du wirst diese dann auch ergreifen können.

Was so einfach und nachvollziehbar klingt, ist sicherlich einer der schwierigsten Vorgänge, mit denen Menschen sich konfrontiert sehen können. Unsere Verhaltensweisen sind fest konditioniert, also programmiert, und wir wollen immer gleich alles sofort bewerten, beurteilen und kommentieren. Das ist so ähnlich, wie bei der Übertragung des Fußballspiels im Fernsehen. Anstatt sich das Spiel einfach anzuschauen, sind wir es gewohnt, ständig den Kommentar eines Reporters zu hören. Er ist so etwas wie das personifizierte Urteil. Ähnliches spielt sich ständig in unserem Geist ab. Ist das nicht eigentlich störend? Lenkt es uns in Wirklichkeit nicht von dem wahren Geschehen ab? Verpassen wir nicht alternative Sichtweisen oder bisher Unentdecktes, indem wir vorschnell urteilen oder urteilen lassen?

So ähnlich wie beim Fußballspiel, wo der spitzfindige Kommentar des Reporters unser Gefühlsleben schnell von Freude in Wut wandeln kann, so ticken wir innerlich, wenn unser Autopilot (Unterbewusstsein) uns zu etwas drängen will, uns nahelegt jetzt zu handeln. Dieser Drang entsteht durch Routinen, die aus der Vergangenheit herrühren. Unser programmiertes Unterbewusstsein macht uns Vorschläge für Lösungen, die von früheren Erfahrungen herstammen. Wäre das Unterbewusstsein eine Ansammlung verschiedener *Software-Apps*, dann würden diese aufgrund von Informationen laufen, die in der Vergangenheit programmiert wurden. Es liegt auf der Hand, dass neue und kreative Lösungsansätze einer solchen Arbeitsweise versperrt bleiben. Wenn du die Arbeitsweise deines Unterbewusstseins kennst, liegt darin die große Chance, mit der du dein Leben verändern kannst!

Erlaube dir selbst den vorgelegten Filter vor deiner Sichtweise abzuschalten und die Dinge so wahrzunehmen, wie sie in dem Moment sind, anstatt sie gleich kategorisieren, bewerten und beurteilen zu wollen. Zu viele Filter machen uns nämlich blind. So wie eine zu starke Sonnenbrille uns einerseits schützt und uns andererseits schwerer sehen lässt. Die ungesunden Gewohnheiten unseres Unterbewusstseins aufgrund früher gemachter Erfahrungen kann man deshalb durchaus als toxisch bezeichnen. Nämlich immer dann, wenn sie uns hindern Neues wahrzunehmen, und den Weg des Wandels zu beschreiten. Da ist tatsächlich ein hohes Maß an Achtsamkeit erforderlich, um diese Gefühle auszuhalten, ohne diesen starken Impulsen zu folgen. Es handelt sich mitunter um hartes Training! Du musst deiner eigenen jahrelang aufgebauten Biochemie trotzen.

Die Stellung von Achtsamkeit im Buddhismus

Das Thema Achtsamkeit ist das zentrale Thema im Buddhismus. Der Buddhismus beschreibt die Achtsamkeit als den einzigen Weg. Unachtsamkeit führt automatisch zum Unglück. Unter Unachtsamkeit versteht der Buddhismus das geistige Verweilen in der Vergangenheit oder in der Zukunft. Achtsamkeit bedeutet die Zuwendung zur Gegenwart.

Nach Buddha führt der einzige Weg zur Erleuchtung und zur Überwindung des Leids über die Achtsamkeit. Achtsamkeit dient der Läuterung und führte zur Freude. In diesem Sinne sind Achtsamkeitsübungen keine lästige Pflichterfüllung, sondern sie werden als der einzige Weg zu Freude, Glück und Spaß angesehen. Wer diese Prinzipien verinnerlicht, dessen Leben wird sich aufhellen, erleichtern und dessen wahres Wesen wird sich offenbaren.

Jeder von uns kennt dieses Phänomen der Freude *auf etwas*. Wir freuen uns auf ein besonderes Ereignis, weil wir uns von diesem Ereignis erhoffen, dass es uns glücklich macht. Ist das Ereignis dann aber eingetreten, ist die Freude vielleicht gar nicht so groß, wie wir angenommen haben und wir freuen uns schon wieder auf das nächste Ereignis. Nach buddhistischer Lehrweise kann Freude nur im jetzigen Moment stattfinden. Also: Ich freue mich beispielsweise jetzt darüber, dass ich gesund bin, dass ich genügend Essen und Trinken habe, dass die Sonne scheint und ich sie gerade im Moment genießen kann oder dass ich nette Menschen um mich herum habe, mit denen ich jetzt zusammen im Moment Freude erleben kann. Nach buddhistischer Lehrmeinung ist dies die erfüllende Freude.

Durch diese Sichtweise kann jeder Moment zum Glück erhoben werden. Du kannst überall und in jeder Situation etwas Positives finden.

Das Achtsamkeitstraining benötigt immer ein Objekt der Beobachtung. Achtsamkeit an sich gibt es so gesehen nicht. Es gibt nur Achtsamkeit *in Bezug auf etwas*. Achte zum Beispiel auf die Gegenwart. Dann hörst du die Vögel singen, du siehst wie die Bäume im Wind hin und her wippen oder du nimmst die Wärme der Sonnenstrahlen bewusst wahr. Dann bist du achtsam im Moment, weil du auf diese Erscheinungen achtest. Ohne Außen kein Innen könnte man auch verkürzt sagen.

In der westlichen Vorstellung von Medizin hat sich in den letzten Jahrhunderten die Ansicht manifestiert, man könnte mittels Operationen alle unerwünschten Dinge einfach aus dem Körper herausschneiden und die Sache ist erledigt. Ebenso könnte man mit Hilfe psychologischer Methoden unerwünschte Vorgänge aus dem Seelenleben *entfernen*.

Diese technokratische Sichtweise würde im Buddhismus nicht geteilt werden. Er sieht Körper, Geist und Seele immer als etwas unteilbar Ganzes an und baut deshalb auf die Umwandlung von unerwünschten Gefühlen, Gedanken oder Handlungsweisen. Durch die unemotionale Betrachtung von Gefühlen wie Wut, Angst oder Zorn kannst du jederzeit viel über dich selbst, aber auch über die gesellschaftlichen Bedingungen lernen. Sowohl in der Sitzmeditation als auch in der Freestyle-Alltagsmeditation kann dir diese Sichtweise helfen, diese enormen Energien, die in allen von uns schlummern, positiv zu nutzen.

Wie wäre es zum Beispiel, wenn du all deine Energie, die du ehemals in Sorge, Wut, Angst oder Neid investiert hast (zum

Beispiel, weil du schlichtweg so konditioniert wurdest), nun proaktiv für die Umsetzung deiner größten Lebensziele nutzen würdest? Immer wieder nehmen wir uns positive Sachen vor: Wir wollen endlich mehr Sport machen, uns endlich besser ernähren, endlich den unliebsamen Job an den Nagel hängen, oder endlich mehr Zeit mit unserer Familie verbringen. Negative Gefühle und Gedanken saugen aber so viel Energie von uns ab, dass uns das entscheidende Quäntchen oftmals fehlt. Wir können nur schwer im Fokus bleiben. Achtsamkeit kann hier der entscheidende Hebel sein, um das Glück im Hier und Jetzt zu suchen und endlich anzufangen, die Dinge im Kleinen umzusetzen. Indem du zu dir selber sagst:

„Jetzt ist der Moment da. Ich beginne jetzt damit, meine Ziele umzusetzen."

So wirst du automatisch damit beginnen, weniger Aufmerksamkeit auf die unliebsamen Gewohnheiten zu lenken und stattdessen deine Aufmerksamkeit gezielt auf die Dinge zu fokussieren, die dir Freude bereiten. Du kannst und darfst deine Aufmerksamkeit bewusst lenken. Das worauf du dich konzentrierst, wird sich manifestieren. Ganz ehrlich.

Egal ob du sagst: „Ich bin ein *un*glücklicher Mensch" oder ob du sagst „Ich bin ein glücklicher Mensch". In beiden Fällen wirst du recht behalten.

Zweiter Teil: Inneres Kind heilen

Die Vorstellung vom inneren Kind ist seit einigen Jahren sehr populär geworden. Entsprechende Buchtitel fanden reißenden Absatz und Eingang in die Bestsellerlisten. Das Erhellende an diesem Konzept ist, dass jeder Laie sofort auf den Zug aufspringen kann, weil man im Grunde genommen gleich versteht, um was es geht. Manchmal können komplizierte psychologische Thematiken so eingängig sein, dass man auch ohne viel Vorwissen sofort anknüpfen kann. Beim Konzept mit dem inneren Kind ist das genauso.

Bei diesem psychologischen Konzept wird davon ausgegangen, dass alle unsere Erlebnisse der Kindheit noch tief in unserem Unterbewusstsein gespeichert sind. Weil jedes menschliche Wesen in den ersten Lebensjahren in besonders hohem Maße geprägt wird, sind die ersten Eindrücke, die der neue Mensch von seiner Umwelt erhält, maßgeblich für die weitere Entwicklung und im Grunde genommen für das gesamte Leben. Einmal erwachsen geworden, ist sich im Grunde genommen aber niemand mehr dieser Tatsachen bewusst, und nur die Wenigsten unternehmen den Versuch, aktiv zu hinterfragen, warum ihr Unterbewusstsein so und nicht anders strukturiert ist.

Wenn Menschen neu auf die Welt kommen, sind all die Gefühle die uns im Erwachsenenalter bekannt und gewohnt sind, völlig neu und unbekannt. Dies sind also Glück, Freude, sowie Traurigkeit und Schmerz, aber ebenso Gefühle von Geborgenheit oder von Verlassenheit. Unsere ersten Bezugspersonen sind unsere Eltern und unsere Familie, also unser direktes Umfeld. Wie Menschen in diesen ersten Lebensjahren geprägt werden, hängt ganz entscheidend von den Erziehungsqualitäten der Eltern ab. Werden Kinder liebend in den Arm genommen und geherzt, dann fühlen sie sich angenommen und entwickeln ein großes Urvertrauen. Umgekehrt kann elterliche Ablehnung und Kälte das Urvertrauen verkümmern lassen.

All diese Prägungen hinterlassen tiefe Abdrücke im Unterbewusstsein des jungen Menschen, welche im Erwachsenenalter nicht verschwinden, sondern weiterhin vorhanden sind. Wir sind uns dieser Prägungen nur nicht mehr bewusst, weil wir nicht mehr daran denken, wie sie entstanden sind. Kleinere Ausnahmen mal ausgenommen.

Im Grunde genommen kannst du also den Ausgangspunkt für ganz viele deiner Charakterzüge in deiner frühesten Kindheit finden. Die große Chance besteht nun darin, aktiv Bezug zu nehmen zu diesen frühkindlichen Prägungen, sie sich so gut wie möglich bewusst werden zu lassen, um daraus Ansatzpunkte für eine gegenwärtige Weiterentwicklung zu finden. Stärken und Schwächen können auf diesem Weg sehr trefflich identifiziert werden. Dadurch wird es möglich, an den Schwächen gezielt zu arbeiten und die Stärken dafür lohnend und fokussiert einzusetzen.

Ein weiterer spannender und magischer Ausgangspunkt beim Konzept des inneren Kindes ist dieser: Als Kinder waren wir der Welt gegenüber grundsätzlich positiv gestimmt. Wir streckten alle unsere Fühler weit aus und rechneten immer mit dem Guten und nie mit dem Schlechten. Alles war unser Vorbild und wir erkundeten neugierig, was um uns herum geschah. Unsere Träume von der Zukunft waren immer nur positiv. Instinktiv ahnten wir damals, dass das Leben etwas Besonderes ist und es einen besonderen Grund hat, warum wir ausgerechnet hier auf dieser Erde sind.

Unsere ersten Kindheitsträume: Nach den ersten paar Lebensjahren malten wir uns aus, mit einem Raumschiff zum Mond zu fliegen, Indianer in der Wildnis Amerikas zu sein, wir planten eine Expedition in den Dschungel zu unternehmen und nach Gold zu suchen, bahnbrechende Erfindungen zu machen, damit weltweit berühmt zu werden und überall beliebt und anerkannt zu sein. Wir träumten von tollen Freundschaften und von unglaublichen Abenteuern. Wer die Möglichkeit hat Kinder im Alter bis sechs oder sieben Jahre zu beobachten, der kann regelmäßig dieser Feststellungen machen. Alle Kinder haben diese Träume von einer Heldenreise, alle Kinder sehen am Anfang die Welt nur positiv und alle Kinder haben die besten Absichten und Vorhaben. Auch diese Intuition ist in jedem von uns immer noch tief verankert.

Vor diesem Hintergrund meint das innere Kind eben auch einen mit einer großen Portion Naivität gepaarten Optimismus, aus seinem eigenen Leben etwas ganz Besonderes zu machen.

Mit dem Eintritt ins Schulalter und dem Übergang in *das System* änderte sich das dann schlagartig. Hier bekamen wir schnell mitgeteilt, dass wir ruhig zu sitzen hätten und zuzuhören hätten. Immer noch voller bester Absichten erfuhren wir dann, dass unsere Leistungen nicht immer perfekt waren, manchmal auch nur ganz durchschnittlich oder sogar schlecht. Das hat unserem inneren Kind natürlich nicht wirklich gut gefallen, denn wer möchte schon gerne *Durchschnitt* sein, wenn er sich selbst bisher für großartig gehalten hat?

Diese Art von Leistungsbeurteilung zog sich dann durch die gesamte Schulzeit, über die Berufsausbildung, weiter ins Studium, den Job und in die Karriere und prägt das Erwachsenenalter in fast allen Kulturen weltweit.

Trotzdem bewundern wir im Erwachsenenalter Menschen, die ihren Traum verwirklicht haben. Die das mit Leben füllen, was sie sich als jüngste Kinder vorgenommen haben, was sie gefühlt, gespielt und fantasiert haben. Viele von uns träumten mal davon, berühmte Filmstars, Musiker oder Weltklassesportler zu werden. Und wenn manche das geschaft haben, dann können wir auch in uns wieder denselben Impuls fühlen.

Somit hat das innere Kind zwei Aspekte.

Zunächst mal den von Natur aus bei jedem Kind vorhandenen naiven und nicht zu bremsenden Optimismus, der die ganze Welt mit seinem Genie erobern möchte und zum anderen die jeweiligen Prägungen durch das direkte Umfeld, also Familie, Freunde, Schule und so weiter. Diese sind mal mehr und mal weniger positiv ausgefallen. Insbesondere in den Fällen, in denen ein junger Mensch mit viel Kritik Ablehnung, Schmerz, Trauer und anderen schlimmen Ereignissen umgehen musste, kann es sein, dass das positive innere Kind verschüttet wurde unter dem schweren Ballast, welcher ihm von anderen Menschen aufgeladen wurde.

Das Schöne daran ist allerdings: Dein positives inneres Kind ist nie verschwunden. Es ist vielleicht verschüttet worden, für dich im Alltag nicht mehr fühlbar und erlebbar. Doch in Wirklichkeit ist es da. Es ist immer bei dir und in dir. All die Träume, Hoffnungen und Wünsche, die du hattest, schlummern immer noch in dir. All der Glaube an das Gute in der Welt, so wie die unzähligen Vorhaben und Ziele, sind immer noch da. Das innere Kind lädt dich ein, alles wieder neu zu entdecken und deine Lebenszeit zu nutzen, dort wieder anzusetzen, wo du irgendwann mal aus irgendwelchen Gründen (die meist fremdbestimmt waren), aufgehört hast.

Der allgegenwärtige Konformitätsdruck bringt im Grunde genommen fast alle Menschen dazu, nach und nach das innere Kind zu vergessen und stattdessen die Regeln der Gesellschaft, des Arbeitgebers oder des sozialen Umfeldes mehr als die eigenen anzuerkennen. Es bilden sich Blockaden aufgrund gewohnter Verhaltensmuster, welche den Zugang zu den ehemaligen Urkräften verbauen und versperren. Das Gehirn hat begonnen, sich mit diesen Blockaden zu arrangieren und sie sind Teil deiner selbst geworden. Der Weg zurück zu den einstigen Idealen erscheint als viel zu weit und nicht mehr gangbar. Also bleiben die meisten Menschen im Erwachsenenalter so wie sie sind. Dabei spüren die meisten insgeheim, dass etwas fehlt, dass sie nicht vollständig sind, sondern überleben (funktionieren) anstatt *zu leben*. Dabei soll das Leben doch eine Erfüllung darstellen und keine *Pflicht*erfüllung.

In der Hirnforschung nennt man den Zustand den wir allgemein als Erfüllung bezeichnen Herz-Hirn-Kohärenz. Die meisten leben ihre Leben fern dieser Herz-Hirn-Kohärenz.

Den Zugang zum Inneren Kind zu finden, ist viel leichter als man annehmen könnte. Das innere Kind findest du am ehesten dort, wo es am meisten drückt, wo du die meisten Blockaden empfindest. Wenn du diese Blockade überwinden kannst, liegt dort die größte Chance deines Lebens. Dass was aufgrund früherer Erfahrungen einst verschüttet wurde, kann auch im fortgeschrittenen Erwachsenenalter wieder befreit werden und zu voller Blüte gelangen.

Es ist nie zu spät diesen Weg zu gehen und alles, was du bisher auf deinem Weg erlebt hast, hat seinen Sinn gehabt. Möglicherweise hast du im Außen nach Antworten gesucht, die du jetzt im Inneren finden kannst. Das innere Kind ist gewissermaßen der *Missing Link*, der dich zu deiner wahren Bestimmung führen kann.

Wenn du dich also fragst, was dich in jüngsten Kindheitsjahren wirklich bewegt hat, was deine Träume, Hoffnungen, Ziele und Wünsche waren, dann kannst du all dies wieder aktivieren und ab sofort in dein Leben einfließen lassen. Widme dich deinem inneren Kind, seiner Vorstellung von einem erfüllten Leben. Du kannst mit Leichtigkeit dadurch Glanz und Freude in deinen Alltag zurückholen und du schaffst es, intuitiv die richtigen Ziele zu setzen.

Es muss nicht deine Lebensaufgabe sein, fremdbestimmte Ziele zu verwirklichen. Du hast das Recht und die einmalige Aufgabe auf dieser Erde, deiner eigenen Bestimmung zu folgen und deine eigenen Ziele zu verwirklichen. Dein inneres Kind kann hierfür der beste Kompass sein, den man sich nur vorstellen kann. All deine bisher gemachten Erfahrungen waren nicht vergebens. Diese kannst du wie ein großes Mosaik auch weiterhin verwenden. Alles zusammen ergibt ein Ganzes. Im Hier und Jetzt.

Fünf Schritte, das innere Kind zu heilen

Dem psychologischen Konzept folgend hat das innere Kind zwei Aspekte. Zum einen ist es der Aspekt des naturgegebenen positiven Enthusiasmus gepaart mit Wünschen, Träumen und Hoffnungen. Vor diesem Hintergrund scheint alles möglich und alles erreichbar. Der andere Aspekt ergibt sich durch alle Erlebnisse im Umgang mit unserer Umwelt.

Vielleicht wurde Irgendetwas in unserem heilen inneren Kind beschädigt, es wurde vielleicht zurückgewiesen, ausgelacht, bestraft oder in der Schule viel zu schlecht (subjektiv) bewertet. Das positive innere Kind hat sich aufgrund dessen immer weiter zurückgezogen und was geblieben war, ist der vermeintliche Schaden, der nun zur lebenslangen Blockade geworden ist. Doch wie eben bereits angedeutet wurde, ist das Ganze heilbar. Hinter der Blockade wartet nämlich immer noch ein Kind, das die Welt mit seinem Optimismus erobern möchte. Dort also, wo deine größten Schwächen sind, warten auch deine größten Stärken.

Der erste Schritt, um diesen Weg zu gehen, ist es einfach zu akzeptieren, dass die Ursache für mögliche Probleme in der Gegenwart in der kindlichen Vergangenheit liegen. Es bedarf also am Anfang Akzeptanz. Wenn Probleme und schwierige Lebenssituation sich bei dir immer wieder wiederholen, dann kann es an deiner Vergangenheit liegen und der daraus erwachsenen Art und Weise, wie du die Dinge siehst und bewertest. Wer als kleines Kind zum Beispiel kein Urvertrauen entwickeln konnte aufgrund von Ablehnung oder Herzenskälte der Eltern oder Geschwister, der wird auch als Erwachsener selber nur schwer in der Lage sein, anderen Menschen und Partnern sein volles Vertrauen zu schenken.

Im zweiten Schritt geht es darum sich konkret zu erinnern, was zu diesen Verletzungen oder Blockaden geführt hat. In unserem Unterbewusstsein ist alles gespeichert, was wir erlebt haben. Unsere *Festplatte* ist tatsächlich so umfangreich, dass sämtliche Eindrücke bis ins kleinste Detail vorhanden sind und abgerufen werden können. Wenn du danach suchst, dann wirst du auf Ereignisse treffen, die mit deinen jetzigen Blockaden in Zusammenhang stehen können. Irgendetwas war früher passiert oder ist nicht so gut gelaufen und das hast du dein ganzes Leben lang mit herumgetragen, ohne dafür eine adäquate Lösung zu finden.

Meditationen können helfen, das innere Kind zu heilen und die Verletzungen zu lindern. Wesentlich handfester ist allerdings die Methode ganz konkret zu benennen, worin die Probleme in der Kindheit genau lagen. Also so genau wie möglich zu beschreiben, was im Einzelnen vorgefallen ist, dessen man sich heute noch erinnern kann. Wir blendenunangenehme Erinnerungen sehr gerne aus, weil sie erneute Verletzungen hervorrufen (Verdrängung). Alte Wunden werden wieder aufgekratzt, wie man so schön sagt. Aber du kommst nicht drum herum diesen Weg einmal zu gehen, um genau hinzuschauen, was damals passiert ist.

War jemand permanent viel zu streng mit dir? Wurden deine Wünsche ständig übergangen? Wurde dir keine Aufmerksamkeit zuteil? Worin hat die Verletzung konkret bestanden? Wer waren die beteiligten Personen? Über diese Vorgehensweise wirst du sehr schnell die Ursachen aufklären können.

Mit diesen konkreten Erinnerungen aus der Vergangenheit wirst du arbeiten können. Du kannst dir dann vorstellen, was passiert wäre, wenn es besser gelaufen wäre. Was hätte also aus deiner Sicht anders laufen sollen und wie hätte es laufen sollen?

In der Persönlichkeitsentwicklung und im Coaching wird richtigerweise immer wieder empfohlen, an den Glaubenssätzen zu arbeiten. Alte und durch die Umwelt geprägte Glaubenssätze sollten ersetzt werden durch selbst gewählte motivierende Glaubenssätze, die hoffnungsvoller und lösungsorientierter sind. Solche Affirmationen kann man sich beispielsweise vor dem Schlafengehen (oder im Schlaf!) anhören um das Unterbewusstsein entsprechend zu füttern. Manchmal kann es vorkommen, dass du trotz dieser Bemühungen die alten Glaubenssätze nicht abschütteln kannst, weil sie einfach viel zu tief sitzen oder weil du immer noch selbst zu sehr daran glaubst. Hier hilft das innere Kind weiter. Indem du gezielt wie ein Detektiv nach den Ursachen suchst, wirst du auf Ereignisse in deiner Kindheit stoßen, welche es dir möglich werden lassen zu erkennen, wie das Problem entstanden ist.

Warum sollte zuerst das innere Kind geheilt werden und warum sollten erst danach neue Glaubenssätze auf deiner Festplatte installiert werden? Nun - die neuen Glaubenssätze, mit denen du dich richtigerweise beschäftigst, fallen einfach auf einen fruchtbaren Boden, wenn du die Vergangenheit geheilt hast. Bleiben die Erlebnisse aus der Kindheit permanent unbearbeitet, kannst du dir noch so lange einreden du seist schön, stark und erfolgreich, aber du wirst es vielleicht selbst nicht glauben, weil ganz tief in dir drinnen etwas anderes verwurzelt wurde. Geh also erst zu dieser Wurzel und schau, was du dort ändern musst, und danach fallen neue Glaubenssätze auf fruchtbare Erde und können wachsen und gedeihen.

Abschließend kommt es drauf an, dass du neue Glaubenssätze einübst. Das Neue wird zur neuen Regel und ersetzt das Alte.

Ein Beispiel: Wer also bisher aufgrund früher Kindheitserfahrungen Panik hat, vor vielen Menschen einen Vortrag zu halten, der geht wie folgt vor:

- Bewusstwerden, welches Ereignis in der Kindheit dazu geführt hat zu denken „*Ich schaffe das nie, ich kann das nicht.*"

- Dieses Ereignis nach allen Seiten einmal durchleuchten. Schauen, wer die beteiligten Personen waren, wie die anderen sich verhalten haben. Wie die eigenen Gefühle dabei waren. Das innere Kind heilen. Verzeihen. Sich selbst zuerst, aber danach auch den anderen. Auch wenn es schwerfällt. Es ist Vergangenheit, die nun ruhen darf. **Schließe Frieden.**

- **Neue Glaubenssätze einüben: *„Ich schaffe das, ich kann das!"***

- Jede passende Gelegenheit nutzen, um kleine Vorträge zu üben. Tun! Machen! Scheiß drauf, was die anderen sagen!

Wie kann ich mich an frühe Kindheitserlebnisse erinnern?

Wenn du es zu deiner Aufgabe gemacht hast, Kindheitserlebnisse aufzuarbeiten, du kannst dich aber nicht erinnern, dann stellt dies zunächst einmal ein Problem dar. Ohne Erinnerung keine gute Aufarbeitung. Das Verdrängen ist ein Schutzmechanismus, der uns davor bewahren will, dass wir ständig an die negativen Erlebnisse erinnert werden.

Es gibt allerdings eine sehr gute Methode, wie du dich in Windeseile an deine Kindheitserinnerung wieder erinnern kannst: Nimm dir ein paar Stunden Zeit und unterteile auf einem Blatt Papier deine Kindheit und deine Jugend in Abschnitte, so in etwa wie die Kapitel eines Buches oder wie die Abschnitte eines Filmes. So hast du nun ein Mini-Drehbuch deines frühen Lebens.

Danach sprichst du auf einem Diktiergerät alles auf, was dir zu den einzelnen Abschnitten in den Sinn kommt. Du hangelst dich dabei an deinen Notizen entlang. Du erzählst so, als wenn du es einer unabhängigen dritten Person erzählen würdest. Das Ganze darf ungeschliffen und spontan sein und dient einfach nur dazu, dass du deine Erinnerungen aktivierst.

Jeder von uns erinnert sich an die eine oder andere Episode. Und indem du dich daran erinnerst und auf dein Diktiergerät sprichst, um es deinem imaginären Freund mitzuteilen, stößt du einen Dominoeffekt an, der immer neue Erinnerungen zutage fördern wird. Die Gedanken sind alle an ähnlicher Position gespeichert. Findest du einen, findest du nach und nach alle. Plötzlich fällt dir ganz vieles wieder ein und später dann noch viel mehr. Hierin steckt ein unglaubliches Potential und möglicherweise wird dir in dem Moment der Erinnerung schlagartig ganz vieles klar.

Bisher schautest du immer darüber hinweg, aber indem du dich bewusst und gezielt erinnerst und gezielt hinschaust, kann es dir wie Schuppen von den Augen fallen.

Die alten Schuhe ablegen

Von Geburt an sind wir alle kreative und schöpferische Wesen, die nicht erwarten können, dass der Tag beginnt, damit sie ihr Werk verrichten können. Durch unsere Umwelt und durch die Gesellschaft, durch Schule und Beruf werden wir aber sehr schnell eines Besseren belehrt. Uns werden gewissermaßen Schuhe überstülpt, die uns große Schmerzen bereiten. Wir können und wollen darin keine großen Wege mehr gehen und keine weiten Sprünge mehr wagen. Sie passen uns nicht. Es gilt so schnell wie möglich dieses Schuhwerk abzuwerfen und sich davon zu befreien. Dann werden große Schritte und weite Sprünge in deinem Leben wieder möglich.

Die meisten Menschen erfüllen die Anforderungen, welche von anderen Menschen gestellt wurden. Sie leben das Leben der Anderen. Sie wollen Regeln einhalten, die sie selbst gar nicht geschaffen haben. Was sie sich dabei erhoffen, ist das Lob und die Anerkennung der anderen, denn jeder Mensch will geliebt werden. Einen großen Anteil an dieser Art zu leben hat nicht nur das eigene Elternhaus oder die Familie, sondern zu großen Teilen auch unser Schulsystem mit all seinen Facetten.

Wenn wir als Kinder exakt die Anweisungen des Lehrers oder der Lehrerin befolgt haben, dann haben wir *ein Bienchen*, *ein Sternchen* oder *eine 1* bekommen. Sind wir unserer eigenen Intuition gefolgt, wollten wir auf kreative Weise Neues schaffen und andere inspirieren durch unsere innersten Ideen, dann wurde dies meist nicht honoriert, sondern im Zeugnis mit mittelmäßigen oder schlechten Noten bewertet.

Der eine oder andere kennt sogar noch die Kopfnoten, in denen Charaktereigenschaften gemessen werden sollten, wie Disziplin oder Fleiß. Manche kennen noch die körperliche Züchtigung, also die Kopfnuss, das Ziehen an den Ohren oder die Schläge durch die Lehrer. Das war bis in die 1980

Jahre auch in Deutschland hier und da möglich, obwohl es offiziell verboten war.

Wir wurden von Kindesbeinen an getrimmt, das Leben der anderen zu leben, aber nicht unser eigenes. Das innere Kind, dass wir irgendwann mal mit fünf oder sechs Jahren stehengelassen haben und weggegangen sind, wartet immer noch darauf, abgeholt zu werden.

Auf was für Ideen könnte uns das innere Kind bringen? Hier eine kurze Auflistung, was möglich wäre:

- Auswandern
- Eine Firma gründen
- Einen Film drehen
- Malerin oder Maler werden
- Jeden Tag Sport machen
- Jeden Tag erstmal ausschlafen
- Jeden Tag ein Buch lesen
- Neue Sprachen lernen
- Die Welt bereisen
- Umzug in ein neues Haus / eine neue Wohnung
- Sich völlig anders kleiden als bisher
- Aufhören ständig nur anderen zu dienen und sich dafür vielmehr um sich selbst kümmern
- Mutig sein
- Spontan auf der Straße tanzen oder ein Lied singen, ohne zu überlegen was andere sich wohl dabei denken könnten
- Und vieles mehr.

Dein inneres Kind bringt dich auf solche oder ähnliche Ideen.

Was kommt uns aber als erstes in den Sinn:

„Ja das geht doch nicht. Vielleicht mach ich das später einmal. Ich brauche dafür erst den richtigen Partner oder die richtige Partnerin die mich unterstützen. Wer weiß, was die anderen dann über mich erzählen. Das kann man / das darf man / das soll man doch nicht tun.“ und so weiter.

Hier spricht nun das Unterbewusstsein (Schule, Erziehung, Beruf, Umfeld). Lass dir gesagt sein: Dies ist nicht der Weg zu deinem persönlichen Glück und zu deiner vollen Entfaltung. Du verzichtest dann mit Ansage auf ein erhebliches schöpferisches Potential, das in dir schlummert. Willst du darauf wirklich verzichten? Aus Angst? Oder willst du lieber doch den Mut aufbringen es zu wagen?

Nun - letztendlich darf jeder Einzelne von uns diese Frage für sich selbst beantworten. Aber sei dir gewiss: Sobald du anfängst nach deinem inneren Kind wieder zu fragen, und zu suchen und es langsam, aber sicher wieder in dein Leben zu ziehen, kann ein Prozess beginnen, der genau in die Richtung führt, in die du schon immer wolltest. Dort, wo **deine wahre Bestimmung** auf dich wartet.

Höre auf dein Herz, es verrät dir viel über das, was dein inneres Kind mit dir vorhat. Wenn uns geraten wird auf unser Herz zu hören, dann erscheint uns das auf der einen Seite nachvollziehbar, auf der anderen Seite aber wenig rational. Dabei ist doch mittlerweile wissenschaftlich bewiesen und dargelegt worden, das Herz und Gehirn, also Gefühle und Gedanken nicht etwa getrennt voneinander funktionieren, sondern gewissermaßen zwei Seiten einer Medaille sind. Die meisten Menschen leben aufgrund dieser Trennung von ihrem inneren Kind in einem inkohärenten Zustand. Das, was sie wollen, und das, was sie tun, versuchen sie dauerhaft zu trennen: „*Während der Arbeit muss ich Dinge tun, die mir keinen Spaß machen. Am Wochenende habe ich ein paar Stunden, in denen ich dann vielleicht ein Buch lesen kann, sofern nichts anderes dazwischenkommt.*" Doch meist kommt auch da wieder etwas dazwischen.

Kohärenz liegt dann vor, wenn Herz und Geist im Einklang sind. Wenn du also deinen Wünschen und Hoffnung und Zielen genügend Aufmerksamkeit und Beachtung schenkst und deinen Geist damit beauftragst für die nötige Umsetzung in der Realität zu sorgen. Du musst nicht jeden Tag funktionieren nach den Anweisungen anderer. Wir sind frei genug geboren, um einen freien Willen zu entfalten und frei das auszuleben, was wir wollen. Du darfst dein inneres Kind zurückholen und die Wünsche deines Herzens realisieren mit Hilfe deiner rationalen Fähigkeiten. In etwa so, als wenn ein Vater oder eine Mutter ein Kind bei der Hand nehmen und sagen: „*Komm! Lass uns gemeinsam Träume verwirklichen, lass uns eine tolle Zeit zusammen verbringen.*" Auch Erwachsene dürfen jeden Tag so wie kleine Kinder Spaß haben, lachen, unsinnige Scherze machen, sich wohlfühlen, rumalbern, träumen, phantasieren und erfinden.

Nun könnte man sagen, das sei kindisch. Ja das stimmt! Aber wer sind die schnellsten und erfolgreichsten Lerner auf der Welt? Genau - es sind die Kinder. In jüngsten Jahren lernen sie sprechen (sogar mehrere Sprachen gleichzeitig, wenn es sein muss), laufen, rennen, bauen, malen, soziale Interaktion und vieles mehr. Der kindliche Rahmen ist ein sehr starker Motor für die Persönlichkeitsentwicklung.

Alle kreativen und erfinderischen Menschen, welche heute als Genies gefeiert werden, haben dieses Kind in sich zum

Leben erweckt. Sie nutzen instinktiv oder bewusst die Kräfte des inneren Kindes, um auf Ideen zu kommen, welche im normierten Alltag bisher unentdeckt geblieben waren. Sie verhalten sich gewissermaßen Out-of-the-Box, also abseits der eingefahrenen Mainstream-Autobahnen. Die meisten Genies sind gewissermaßen Revoluzzer, Aussteiger, Andersmacher, Matrix-Verweigerer. Sie machen ganz bestimmt vieles anders als die Masse. Sie haben gewiss Zugang zu ihrem inneren Kind.

Der Weg der Wiederentdeckung des inneren Kindes

Radikale Veränderungen, die von jetzt auf gleich erfolgen, sind oft schwierig. Fange deshalb kleinschrittig an. Du hast das Recht, dir jeden Tag zwei Stunden (natürlich auch mehr, aber mindestens zwei) nur für dich selbst zu reservieren. Zwei Stunden, in denen dich niemand stören oder unterbrechen darf. Fang damit mal an und plane dir diese zwei Stunden ein. In dieser Zeit gehst du in dich, hörst tief in dich hinein und registrierst deine Gefühle, Träume, Wünsche und Hoffnungen. Was wolltest du schon immer gerne erleben? Wer oder was möchtest du eigentlich sein? Wo und wie wolltest du schon immer leben? Gehe auf die Suche nach Entsprechungen oder neuen Inspirationen, die das unterstützen. Das Internet, Bücher, Musik, Hörbücher, Apps und so weiter werden sicher hilfreich sein. Du kannst alles in Ruhe von zu Hause aus erkunden.

Als Erwachsene sind wir meist vierundzwanzig Stunden am Tag und sieben Tage die Woche so beschäftigt, dass wir solche Gedanken, wenn sie denn mal bei uns anklopfen, schnell wegschieben mit der Erklärung: Keine Zeit, später! Da hat das innere Kind sich bemerkbar gemacht und höflich nachgefragt, ob es jetzt passt, und es wird wieder weggeschickt. So kannst du dir das vorstellen. Du schickst dein eigenes inneres Kind weg, wenn du dir nicht Zeit nimmst.

Das nächste Mal, wenn dein inneres Kind anklopft und dir etwas sagen möchte: Lass es rein und heiße es herzlich willkommen! Jeden Tag ein paar Stunden mit deinem inneren Kind zu verbringen, kann der Türöffner sein für die Entdeckung und Wandlung deines wahren Ichs. Fang also auf diese Weise kleinschrittig an, längst vergessenes wiederzuentdecken und dann im nächsten Schritt nach und nach in die Tat umzusetzen.

Die im Persönlichkeitstraining meist zentrale Frage nach dem eigenen *Purpose* [gesprochen: pərpəs], also dem Sinn und dem Zweck deines Lebens, deine Bestimmung, geht in exakt dieselbe Richtung. Was dein persönlicher Purpose ist, verrät dir ganz oft dein Herz. Da wo dein inneres Kind auf dich wartet.

Frag dich also: Wie willst du wirklich leben? Was macht dich wirklich glücklich? Wo sollte deine Reise tatsächlich hingehen? Worauf hast du wirklich Lust? Wahrscheinlich wird es nicht lange dauern, bis die Antworten kommen. Oftmals kennen wir sie sowieso schon, aber wir verdrängen sie. Aber du bist erwachsen, frei und für dich selbst verantwortlich. Du darfst dich von den Ketten der Normierung lösen und darfst ab sofort deine Wünsche fokussieren.

Die frühkindliche Entwicklung unseres Gehirns

Wenn wir auf die Welt kommen, sind lediglich 25% unseres Gehirns ausgebildet. In den ersten Lebensjahren entwickelt sich unser Gehirn stetig weiter unter dem Eindruck der uns umgebenden Umwelteinflüsse. Kinder speichern dabei alle Informationen, die auf sie einströmen, wie auf einer Festplatte, ohne sie vorher zu bewerten oder auszuwerten. Alles wird mehr oder weniger ungefiltert abgespeichert und als die Realität aufgefasst. Dies dient dazu, dass wir in unserer Umwelt überlebensfähig werden, indem wir die Regeln und Normen der Welt, in der wir leben, ordnen und überschaubar machen.

Leider ist unsere Welt von einem Idealzustand weit entfernt. Viele der Einflüsse sind eine Art Schadprogramm, welches zu Unrecht installiert wird. Kinder haben in unserer Gesellschaft oft eine weit untergeordnete Rolle. Das ist schade und traurig. Eigentlich sollte die Hauptaufmerksamkeit nicht der Karriere, der Politik oder den Finanzen gelten, sondern zuallererst denen zugutekommen, welche die nachfolgende Generation bilden. Um wieviel besser könnte unsere Gesellschaft sein, wenn wir alle zusammen hier den Hebel ansetzen würden.

Wenn kleine Kinder also instinktiv zu ihren Eltern gehen, um Verständnis oder Schutz zu suchen und wenn sie sich eine Umarmung oder eine Zärtlichkeit wünschen und wenn die Eltern dann keine Zeit haben, sie permanent abweisen, weil sie selbst unter Stress stehen oder kein oder nur wenig Verständnis für die Situation ihrer Kleinsten haben, dann lernt das Kind nur eines:

„Ich bin nicht liebenswert. Ich darf meine wahren Gefühle

nicht zeigen, ich darf nicht so sein, wie ich wirklich bin." (Glaubenssätze)

Dieser fatale Irrtum kann Menschen ein ganzes Leben lang begleiten und die Berufswahl, die Lebensweise und die Wahl der Beziehungen deutlich überschatten. Was ist umgekehrt, wenn wir der festen Überzeugung sind, wir sind liebenswert? (was der Wahrheit entspricht). Nun - dann kommen wir mit uns selbst so gut klar, dass wir unser inneres Glück gar nicht von äußeren Umständen abhängig machen müssen. Wir brauchen dann nicht den Traumpartner, um perfekt zu sein. Wir sind das aus uns selbst heraus. Wir brauchen dann nicht die Anerkennung von anderen um jeden Preis. Es würde uns reichen, dass wir selbst davon überzeugt sind, dass das, was wir tun, richtig ist. Wieviel stärker und selbstbewusster könnten wir durchs Leben gehen, wenn wir diese Ansicht vertreten anstatt ständig auf der Jagd zu sein nach Lob und Anerkennung und Ansehen durch andere?

In dieser kindlichen Prägephase entstehen die Glaubenssätze, die uns ein Leben lang begleiten. Zum einen können wir natürlich als Erwachsene jede Möglichkeit nutzen, um uns mit neuen Glaubenssätzen zu füttern, die nach und nach die alten ersetzen. Wir können auch eine neue Umgebung und neue soziale Kontakte aufsuchen, denn wir sind immer die Summe der fünf Menschen, mit denen wir uns am meisten umgeben.

Wir werden aber nicht drum herumkommen, uns einmal grundlegend damit zu befassen, warum wir derzeit so sind wie wir sind, was in unserer Kindheit genau dazu geführt hat, und wie wir diese Erkenntnisse nun positiv für unsere weitere Persönlichkeitsentwicklung nutzen können. Es reichen im Grunde genommen ein paar Erinnerungen, um herauszufinden, woher deine Blockaden stammen. Dann merkst du auch sehr schnell, dass *du* keinen Fehler gemacht hast. Du konntest gar nicht anders als so zu werden wie du bist und der Weg, den du bisher gegangen warst, diente letztendlich dazu, dich zu diesem Punkt zu führen an dem du jetzt bist.

Letztendlich befinden wir uns alle auf einer großen Reise mit offenem Ausgang. Alle Aspekte unseres Lebens, ob nun positiv oder negativ, können eine Bereicherung darstellen.

Das Entscheidende an dieser Sichtweise ist jedoch, dass wir so schnell wie möglich in die Handlung kommen und das hier dargestellte Wissen auch anwenden. Wir wollen schließlich nicht mit dem Traum unseres inneren Kindes irgendwann alt und grau werden, ohne etwas (oder alles) davon verwirklicht zu haben. Wir wollen das innere Kind heute leben und unsere Existenz damit auf das nächste Level heben.

Was Eltern ihren Kindern geben sollten

Um nicht in dieselben Fallen zu tappen, wie andere vor uns, dürfen wir als Eltern hier den Faden aufnehmen und Dinge bewusst und gezielt richtig machen. Zuallererst mal benötigen kleine und kleinste Kinder viel Zärtlichkeit, Umarmung und Herzlichkeit. Am Anfang wird ganz viel durch Gefühle und über die Sinnesorgane wahrgenommen. Kinder fragen sich: „Werde ich geliebt? Werde ich gemocht? Kümmert man sich um mich?“

Diese Fragen sind sehr schnell beantwortet, wenn es liebevoll zugeht, wenn gemeinsam gelacht und gespielt wird und wenn alles geordnet und friedlich ist. Dann bedarf es auch keiner aufwendigen pädagogischen Maßnahmen, keiner teurer Vereinszugehörigkeiten, Entwicklungsförderungsmaßnahmen oder dergleichen. Sämtliche Fremdbetreuung ist an dieser Stelle nicht nur überflüssig, sondern mitunter sogar schädlich. Alles, was den engen Familienkreis übersteigt, ist erwiesenermaßen für kleine Kinder zusätzlicher Stress, dem sie noch nicht gewachsen sind.

Der erste Rat lautet deshalb: Eltern sollten so viel wie möglich und so oft wie möglich mit ihren Kindern zusammen sein, mit ihnen spielen und lachen, sie herzen und umarmen. Dadurch wird ein großes Urvertrauen wachsen und gedeihen, das den Menschen sein ganzes Leben lang begleiten wird.

Wissenschaftlich ist eindeutig geklärt, dass wir uns zutiefst darauf verlassen können, dass kleine Kinder sich am meisten wohlfühlen, wenn sie im Kreise ihrer herzlichen und großartigen Familie aufwachsen können. Was die letzten hunderttausend Jahre richtig war, sollte auch weiterhin Beachtung finden. Das sind wir unseren Kindern schuldig. Hier haben wir es nun selbst in der Hand ein Zeichen zu setzen für eine bessere Welt, in der das reale (und das innere) Kind von Anfang an wachsen und gedeihen darf.

Dank der Digitalisierung ist es heutzutage etwas leichter möglich, im Homeoffice berufliche Dinge zu erledigen und viel näher bei der eigenen Familie zu sein, als dies noch vor einigen Jahrzehnten der Fall war. Dank der neuesten Methoden in der Informationstechnologie können wir das meiste auch vom Homeoffice aus erledigen und müssen nicht jeden Tag im Büro sitzen. Umso älter die Kinder dann werden, desto eher werden sie fremde soziale Kontakte suchen und finden, werden sie Freundschaften knüpfen und das Band zwischen ihnen und den Eltern wird weiter, so dass auch die Eltern sich nach und nach wieder mehr um ihre persönliche eigene Entwicklung oder ihr berufliches Vorankommen kümmern können.

Merke: Wenn die Kinder noch klein sind, also in den ersten Lebensjahren, sollten Eltern so oft und so lange wie möglich mit ihren Kindern zusammen Zeit verbringen. Denke daran, dass diese Zeit nie wieder kommen wird. Sie ist so kostbar. Dabei ist es gar nicht vonnöten riesige Events zu veranstalten. Nur durch das Zusammensein im Kreise der Familie wächst im Nachwuchs ein gewaltiges Urvertrauen heran. Jedes Kind liebt die Umarmung und die Zärtlichkeit der Eltern, das herzliche und wohlwollende Zusammensein, das gemeinsame Scherzen und Lachen, Spielen und Freuen. Das ist im Grunde genommen alles, worum es am Anfang geht.

Im zweiten und späteren Schritt kommt dann das Streben des Kindes nach Autonomie hinzu. Kinder haben mit fortschreitendem Alter den Drang danach, sich zu entwickeln, grösser und stärker zu werden und ihre Dinge selbst zu regeln. Auch hierbei gilt es als Vater die Kinder aktiv zu unterstützen und helfende Hand zu sein. Angepasst an das Alter des Kindes oder später des Jugendlichen darf und soll der eigene Verantwortungsspielraum immer mehr ausgeweitet werden. Die Rechte und Pflichten des Kindes dürfen dann nach und nach erweitert werden. Damit das Kind die richtige Anleitung erhält, sind auch hier wieder die Eltern in der Verantwortung.

Weitere Tipps:

- Bindungsgefühl und Körperkontakt liebt dein Kind sehr.

- Einfühlungsvermögen (Empathie) an die Bedürfnisse des Kindes hilft, das Richtige zu tun.

- Lerne dein Kind zu lesen und zu erkennen, was seine Empfindungen und Gefühle sind, und reagiere entsprechend angepasst. Möchte dein Kind gerade nicht draußen spielen, sondern lieber allein auf einem Blatt Papier rumkritzeln und dabei ein Lied singen? Dann darfst du das als Vater respektieren. Möchte dein Kind nach einer Stunde gerne sein großartiges Bild präsentieren? Dann sei da und widme ihm deine volle Aufmerksamkeit, dein Lob und dein Staunen.

- Da alle Eltern auch ihre eigenen Erfahrungen mit ihrer eigenen Kindheit mitbringen, ist es umso besser, sich als Vater bewusst werden zu lassen, was in der eigenen Kindheit mit den eigenen Eltern nicht optimal gelaufen ist, um dieselben Fehler nicht noch einmal zu wiederholen. Auch vor diesem Kontext der eigenen Elternschaft ist es ratsam, sich auf die Suche nach dem eigenen inneren Kind zu machen und längst vergangene Situationen einmal aufzuarbeiten.

- Es ist in Ordnung, wenn wir erkennen, dass unsere eigenen Eltern, aber auch unsere Lehrer in der Schule Fehler gemacht haben (natürlich muss das nicht immer der Fall gewesen sein. Leider ist dies aber häufig ein Grund). Es ist in Ordnung, wenn wir ihnen das verzeihen. Ebenso dürfen wir uns dann aber auch dazu entscheiden, dass wir für weitere toxische Einflüsse ab sofort keinen Raum mehr lassen wollen.

Wir dürfen uns deshalb lösen von sozialen Beziehungen auch aus der engsten eigenen Verwandtschaft, damit die toxischen Einflüsse keine weitere Handhabe mehr über uns erhalten können. Das ist oftmals hart und wird als ungerecht empfunden, aber es ist notwendig, um einen klaren Schlussstrich zu ziehen. Jeder Mensch ist so wie er ist und jeder hat das Recht dazu, sein eigenes Leben zu leben. Das gilt für deine Eltern und das gilt für dich. Jeder ist in Ordnung so wie er ist. Jeder ist ok. Trotzdem oder gerade deshalb, um deine eigene Autonomie und dein inneres Kind nun in Schutz zu nehmen, kann es notwendig sein sich zu distanzieren, um sich der eigenen Entfaltung zu widmen. Zusammengefasst: Manche frühen Prägungen waren vielleicht nicht gut für uns. Wir verzeihen uns und den anderen. Wir werden ab sofort nicht mehr bereit sein uns fremdprogrammieren zu lassen, sondern leben unser eigenes Leben nach unseren eigenen Vorstellungen. Dann finden Entwicklung und Fortschritt statt.

Es ist nie zu spät für eine schöne Kindheit (Erich Kästner)

Dieser schöne Satz von Erich Kästner drückt mit wenigen Worten aus, was das Ziel ist: Durch gezielte und bewusste Arbeit einiges an Gepäck ablegen, was sich in der Kindheit angestaut hat, was aber jetzt nicht mehr benötigt wird. Dafür ist es tatsächlich nie zu spät. Es ist nie zu spät, Frieden zu schließen mit vergangenen Ereignissen und einen positiven Haken dahinter zu machen in dem vollen Bewusstsein, dadurch zu der Person gereift zu sein, die man letztendlich heute darstellt. Dazu gehört auch, manchen Personen (inklusive sich selbst) zu verzeihen und zu vergeben, beziehungsweise das Geschehene auf neutrale Weise zu betrachten.

Obwohl viele Menschen so wie du schon auf dem richtigen Weg sind und sich mit Persönlichkeitsentwicklung beschäftigen, fällt es dem ein oder anderen dennoch schwer, das Ganze dauerhaft im Alltag umzusetzen, was mitunter sehr deprimierend sein kann. Da hatte man sich doch vorgenommen, ab sofort die Wut nicht mehr zuzulassen und stattdessen ohne Angst durchs Leben zu gehen. In bestimmten Situationen kann es zu Rückfällen kommen. Das ist zunächst mal normal und menschlich. Wie bei allem im Leben bedarf es genügend Übung und Gewohnheit, um die alten Verhaltensweisen durch neue auszutauschen.

Urvertrauen

Wenn wir so durch unser tägliches Leben gehen, dann werden wir, ob wir wollen oder nicht, von unbewussten Programmen gesteuert, die tief in uns schlummern. Ganz viel davon rührt von unserer Kindheit her. Mit dem nötigen Handwerkszeug ist es uns persönlich möglich, in diese Programme gezielt einzugreifen und sie zu modifizieren.

Als Kinder waren wir abhängig von anderen Bezugspersonen, doch als Erwachsene sind wir frei, wenn es um die Gestaltung unseres eigenen Lebens geht. Alles, was uns guttut, das dürfen wir tun.

Dass Gefühle der Angst oder der Flucht manchmal so stark

ausgeprägt sind, ist auf die steinzeitliche Entwicklung des Menschen zurückzuführen. So toll es war, angenehme Erfahrungen in der eigenen Familie/ dem Stamm/ der Sippe zu machen, wenn man gemütlich am Feuer saß und sich Geschichten erzählte und dabei die erlegten Wildtiere verspeiste, so war es doch von entscheidender Bedeutung im rechten Moment sofort und umgehend auf Warnzeichen zu reagieren.

Wenn der Säbelzahntiger sich annäherte, war es überlebenswichtig, dem plötzlich einsetzenden Gefühl der Angst Folge zu leisten, um die entsprechenden Reaktionen und Maßnahmen durchführen zu können. Auch heute noch hat unser Gehirn allgemein die Tendenz, starke Emotionen schnell durchzuschalten, damit sich diesbezügliche Erlebnisse stärker einprägen.

Das können alle Emotionen rund um Wut oder Angst und Verhaltensweisen wie Flucht oder Angriff sein. Unsere Aufgabe im 21. Jahrhundert ist es, dieses steinzeitliche Talent nun in für uns passende Bahnen zu lenken. Nicht hinter jeder Häuserschlucht wartet ein Rudel Säbelzahntiger. Wer sich zu sehr auf negative Ereignisse fokussiert, der verpasst möglicherweise die schönen Momente und das wäre schade. Es gilt also mit diesem evolutionären Programm so umzugehen, das es wieder Sinn macht.

Weiterhin kommt unsere genetische Beschaffenheit hinzu, die individuell verschieden ist und auch einen gewissen Einfluss darüber hat, wie robust oder sensibel wir auf die Welt gekommen sind. Zu diesen verschiedenen Faktoren gesellt sich dann die Erziehung, insbesondere durch die eigenen Eltern. Das Gehirn des Babys ist nur zu 25% ausgeprägt und speichert automatisch alle Umgebungsreize ausgehend von den Eltern und weiteren Bezugspersonen ab. So wie die Welt durch die Augen des Kindes gesehen wird, so scheint sie also zu sein. Daraus bilden sich die Glaubenssätze, die ganz tief unten auf der Festplatte ein Leben lang abgespeichert sind.

Glaubenssätze sind beispielsweise: Ich bin toll! Ich bin liebenswert! Ich bin schön! Ich bin erfolgreich bei allem, was ich tue! Umgekehrt gibt es aber auch die negativen Glaubenssätze: Ich kann nichts! Ich kann niemandem vertrauen! Alles, was ich mache, gelingt nicht! Niemand liebt mich!

Kleine Kinder sind sehr einfach strukturiert und aufgrund ihrer fehlenden Vorerfahrung kommen sie zu schnellen Schlüssen. Es liegt also gar nicht mal daran, dass Eltern in jedem Fall absichtlich ihrem Kind die falschen Glaubenssätze vermitteln wollen. Nur selten steckt Absicht dahinter. Manchmal reicht auch einfach, dass sie wenig Zeit haben für ihr Kind oder gestresst sind, was in unserer Gesellschaft leider völlig normal geworden ist.

Das Kind denkt nun nicht etwa: „Oh - meine Eltern sind aber gestresst oder haben so viel Arbeit, die sollten sich mal eine Pause nehmen." Das Kind denkt viel mehr bezogen auf sich selbst: „Anscheinend bin ich nicht so wichtig, denn niemand kümmert sich richtig um mich." Insofern geht es auch nicht darum die Eltern pauschal zu verurteilen, sondern vielmehr darum zu verstehen, wie diese Programme in unser Unterbewusstsein gelangen konnten. Die gesamte Pädagogik von Kindern erfordert ein Maß an Bewusstsein und Wissen, das in unserer Zeit immer noch nicht stark ausgeprägt ist. Das klingt paradox.

Ohne jede Schuldzuweisung liegt darin nämlich auch der Schlüssel, um das Ganze im Nachhinein wieder zu ändern. Da wir ja nun selber erwachsen sind, müssen wir hierzu auf niemanden mehr warten oder die Erlaubnis von irgendwem einholen.

Wir tun das einfach. Wir ändern die Regeln.

Immer dann, wenn du erkennst: „Das sind meine alten Glaubenssätze", bist du aufgefordert, diese zu unterbrechen, zu reflektieren (aus einer neutralen Distanz heraus) und neue Glaubenssätze zu formen. Dass die alten Glaubenssätze resultierend aus Kindheit und Jugend sich trotzdem immer wieder mal zu melden versuchen, hängt damit zusammen, dass unser gesamter Körper über biochemische Vorgänge verbunden ist und du quasi den Drang oder das Verlangen danach hast, diesen alten Programmen dennoch zu folgen, obwohl du es vielleicht gar nicht mehr willst. Das tägliche Training hilft dir dabei, deine Biochemie nach und nach zu verändern, sodass später die neuen und von dir ausgewählten Überzeugungen und Glaubenssätze auch für deinen Körper und für deine Biochemie völlig normal werden. Was dann am Ende herauskommt, nennt man Selbstbewusstsein.

Manche Menschen haben es: ein Bomben-Urvertrauen. Es ist nie zu spät sein Urvertrauen zu finden. Warum ist Urvertrauen so gut? Nun ganz einfach. Das Urvertrauen hilft uns, gelassen zu bleiben in dem festen Wissen, das alles zu unserem Besten passiert. Dass alles gelingen wird, was wir uns vornehmen, ob nun im ersten oder im zweiten Anlauf. Urvertrauen lässt uns überzeugt sein, dass die besten Momente in unserem Leben unmittelbar bevorstehen oder jetzt passieren können, dass wir jeden Tag richtig gut drauf sein können und auch Strapazen meistern werden. Das Urvertrauen gibt uns die Gewissheit, dass wir keine Opfer sind, sondern Gewinner und Gestalter unseres Lebens und unserer Welt.

Vielleicht kennst du die Metapher mit dem halb vollen oder halb leeren Glas. Nimm ein Glas und mach es halb voll mit Wasser. Was siehst du?

Manche von uns sehen ein halb leeres Glas, andere sehen ein halb volles Glas. Die ersten sind die Pessimisten, die zweiten die Optimisten. Urvertrauen geht eng einher mit Optimismus. Auch die Grenzwissenschaft hat sich dieses Themas angenommen und sagt, dass du das in dein Leben ziehst, was du denkst und fühlst und mit dem du dich beschäftigst. Demzufolge haben Menschen mit einem hohen Urvertrauen tatsächlich mehr Erfolg und Glück, weil sie die guten Sachen anziehen und manifestieren.

Mittels evidenzbasierter Methoden konnte indessen bestätigt werden, dass sich Optimismus statistisch betrachtet immer lohnt. Wenn zwei Menschen die exakt selben Start-Bedingungen haben, wird der Optimist immer mehr Erfolg und Glück erreichen als der Pessimist.

Das selbe Verhältnis scheint zwischen dem Placebo- und dem Nocebo-Effekt zu bestehen. Immer wenn du glaubst, dass eine Medizin wirkt, dann wirkt sie besser. Wenn du das Gegenteil annimmst, wirkt sie schlechter oder gar nicht. Dieser Effekt trifft sogar auf Scheinmedikamente zu und ist deutlich messbar. Die Macht unserer Gedanken, Gefühle, Einstellungen und Überzeugungen ist sehr mächtig.

Nichts anderes behauptet im Übrigen auch die Wahrnehmungspsychologie, wenn dort gesagt wird, dass wir die Welt durch einen Filter betrachten und nur das sehen, was wir sehen wollen. Alles andere blenden wir immer automatisch aus.

Anders könnten wir die Welt auch gar nicht strukturieren. Und Struktur hilft uns schließlich den Überblick zu behalten. Auch in der Wahrnehmungspsychologie ist die Rede von der individuellen Brille, die jeder von uns aufhat und durch die er die Welt höchst individuell wahrnimmt. Der Pessimist wird also in der Tat Bestätigung für seine Annahmen finden, der Optimist ebenso für *seine* Annahmen. Egal was du nun also annimmst:

„Die Welt ist schlecht!"

oder

„Die Welt ist gut!"

Du wirst auf jeden Fall recht behalten.

Also: Fake it until you make it! :)

Das innere Kind als Modell in der Psychologie

Der Begriff inneres Kind ist ein wunderschönes Wort für ein psychologisches Modell oder ein Konstrukt. Auf der einen Seite ist der Begriff natürlich zunächst mal metaphorisch gewählt. Er meint frühkindliche, kindliche und jugendliche Prägungen, welche aber bis heute nachwirken und die Sicht auf die Dinge massiv beeinflussen.

Man kann den Begriff natürlich auch weiter fassen. Jeder ist also noch ein bisschen Kind, verhält sich ab und an *kindisch*. Erwachsene Männer spiele unglaublich gerne Superheldenspiele auf der Playstation und Fußball, als seien sie Ronaldo oder Messi persönlich, erwachsene Frauen haben große Freude daran sich zu schminken und herauszuputzen, als seien sie Prinzessinnen aus dem Märchenfilm.

Wir spielen alle gerne, indem wir in neue Rollen schlüpfen, und unsere Fantasie übernimmt den Rest. Auf Netflix schlüpfen wir doch alle in die Rolle der Titelhelden und wünschen uns, wir seien wie sie. Brettspiele, Kartenspiele, Ratespiele, Casinospiele: Auch die Erwachsenenwelt ist für Spiele gut. In der Karnevalszeit oder zu Halloween verkleiden sich natürlich auch Erwachsene und schlüpfen in fremde Rollen.

Das sind alles Bereiche, in denen das innere Kind ziemlich sichtbar wird. Schauspieler bei Film und Fernsehen, sowie Synchronsprecher verfügen über ein erhebliches kindliches Potential. Ebenso die allermeisten Künstler und Kreativen, also Maler, Designer, Buchautoren, Musiker und so weiter. Könnten diese Menschen nicht das Kindliche in sich selbst bewusst abrufen, was würde dann wohl von ihren Kunstwerken übrigbleiben?

So gesehen ist das Konzept vom inneren Kind also durchaus sehr real. Ist es also peinlich, ein inneres Kind zu haben und sich kindlich oder manchmal auch kindisch zu verhalten? Nein! Ganz sicher nicht.

Die Gesellschaft sagt viel zu oft, welchen Normen wir zu entsprechen haben: ernst, sachlich, kühl, distanziert, formell, analytisch, ordentlich, einfarbig, einheitlich. Dein inneres Kind mag solche Zuschreibungen nicht und fürchtet sich vor ihnen (so wie ein echtes Kind es auch machen würde). Es möchte gerne Farbe, Fantasie und Stimmung in dieses Ambiente bringen. Lass es doch zu! Was soll schiefgehen?

Am besten können wir das innere Kind befreien, wenn wir

mit Kindern zusammen sind, denn diese übertragen Signale, die ansteckend sein können. Wenn du also selbst Kinder hast, dann lass dich doch von ihnen inspirieren. Nichts kann schöner sein, als mit den eigenen Kindern zu toben, zu bauen, zu basteln, zu spielen, zu singen, zu kochen, zu tanzen und vieles mehr. Wir sind nie zu alt, um damit zu beginnen.

Die Triggerpunkte erkennen

Rückfälle ins alte Schattenkind-Verhalten sind nie bewusst gewollt. Wir machen das schließlich nicht mit Absicht. Und selbst wenn wir uns intensiv bemühen an der Thematik zu arbeiten, sind es oftmals äußere Umwelteinflüsse, die alte Gefühle, Gedanken und damit verbundene Verhaltensweisen plötzlich wieder abrufen. Wir werden gewissermaßen durch bestimmte Ereignisse getriggert. So als wenn jemand oder etwas in uns Knöpfe betätigt, die bestimmte Reaktionen auslösen.

Ein Beispiel:

Aufgrund von Erfahrungen in der Kindheit ist Tom vielen Menschen gegenüber misstrauisch geworden. Als Kind fühlte er sich manchmal ungerecht behandelt und seine Erwartungen wurden enttäuscht. Daraufhin prägte er sich die Glaubenssätze ein: „Wahre Freunde gibt es im Leben nicht. Menschen nutzen andere Menschen oft nur aus."

Im Job kommen bei ihm oft folgende Vorstellungen hoch: „Der meint das doch gar nicht so, wie er es sagt. Vermutlich will er mich nur reinlegen. Ich sollte aufpassen, ob der irgendwas gegen mich plant."

Folgt Tom diesen Vorstellungen und Bildern, die in ihm

spontan aufkommen, so ist er direkt wieder in der alten Rolle und das Schattenkind kommt zum Vorschein. Es dürfte klar sein, dass wenn wir immer nur das Negative erwarten, sich letztendlich auch das Negative bestätigen wird.

Nun hat er mittlerweile verstanden, dass er dieses innere Schattenkind modifizieren kann und stattdessen seinem positiven Sonnenkind zum Durchbruch verhelfen kann, das so viel an Spontanität, Urvertrauen und Offenheit bereithält. Gesagt, getan.

Er kennt nun diese Triggerpunkte. Alte Gefühle fördern alte Denkmuster. Und die damit verbundenen Glaubenssätze. Genau in diesem Moment hält Tom nun inne, wählt eine neutrale innerliche Beobachterposition, atmet tief ein und aus und entscheidet sich dann, diesen Emotionen keine weitere Aufmerksamkeit zu widmen. Das fällt wie schon beschrieben nicht ganz leicht, weil seine biochemischen Vorgänge ihm das alte Verhalten fast aufdrängen wollen. Er jedoch entscheidet sich bewusst dagegen und wählt einen anderen Weg.

Zusammengefasst:

1. Triggerpunkte erkennen
2. Neutrale Beobachterrolle einnehmen (Achtsamkeit)
3. Bewusst werden lassen, was unbewusst ist.
4. Bewusst den Weg des neuen Urvertrauens gehen und damit dem glücklichen Sonnenkind zum Durchbruch verhelfen. Gute Gefühle kreieren/zulassen. Auf das Gute hoffen.

Inneres (Schatten-) Kind heilen

Um dem inneren Schattenkind zügig auf die Spur zu kommen, hilft die folgende Übung. Dabei nimmst du dir ein Blatt Papier und einen Stift und unterteilt das Blatt Papier durch einen mittigen Strich in zwei Hälften. Auf die linke Seite schreibst du all die Aspekte, die du mit dir selber negativ assoziierst, die von anderen an dich auf negative Art und Weise herangetragen wurden oder mit denen du dich über negative Glaubenssätze verbunden fühlst.

Auf die rechte Seite schreibst du nun immer das komplette Gegenteil davon, also welche tieferliegenden Wünsche und Hoffnungen du eigentlich hast. Sie entsprechen deinem Urvertrauen. Deinem Sonnenkind in dir.

Einige Beispiele:

Ich habe wenige Talente.	Ich habe tolle Talente. Ich werde an ihnen arbeiten und sie weiterentwickeln.
Niemand mag mich auf ehrliche Weise.	Ich finde mich selber ziemlich gut. Ich werde schon bald die richtigen Leute in mein Leben ziehen, die zu mir passen.
Ich muss Dinge unbedingt perfekt erledigen, damit ich Anerkennung erfahre.	Ich muss niemandem etwas beweisen. Es reicht, wenn ich zufrieden bin und dabei trotzdem meine Ziele erreiche.

Ich muss all mein Geld sparen und darf nichts Unsinniges kaufen.	Ich bin es mir selbst wert, mich ab und zu mit materiellen Dingen zu belohnen, die mir gut tun / die ich mir wünsche.
Ich habe die Partnersuche aufgegeben. Ich bleibe besser Single.	Ich liebe mich selber und bin voll und ganz zufrieden mit mir selbst. Ich arbeite an der besten Version meiner selbst. Die richtige Frau wird sich dann finden.
Meine beruflichen Träume habe ich aufgegeben. Schuster bleib bei deinen Leisten.	Ich bringe aufgrund meiner umfangreichen Lebenserfahrung die besten Voraussetzungen mit, alle meine Träume bald zu erreichen.

Nachher im Anschluss kannst du dieses Blatt Papier zerreißen oder schreddern. Im Kern ging es nämlich lediglich darum, dir durch diese Übung bewusst zu machen, dass in jeder Herausforderung und in jeder negativen Erfahrung ebenso Chancen und Möglichkeiten liegen. Das Glas ist für den einen halb leer, für den anderen halb voll. Es liegt nun nicht mehr an deinen Eltern, Lehrern oder sonstigen ehemaligen Bezugspersonen, für welche Seite du dich entscheidest. Die alten Zuschreibungen und Glaubenssätze kannst du getrost über Bord werfen und durch das ersetzen, an dass du wirklich glaubst und was du wirklich willst. Nicht was andere wollen ist entscheidend. Es ist dein Leben. Also mach was draus!

In der Matrix-Film-Sprache gesprochen lautet die Entscheidung so: „Willst du weiter dämmern? Dann nimm die blaue Pille. Und alles wird so sein wie immer. Willst du aber aufwachen und dein eigentliches Leben beginnen, dann nimm die rote Pille.“ Der Film ist klasse und passt zum Thema! Einfach noch mal anschauen!

Inneres (Sonnen-)Kind kennenlernen und fördern

In uns allen wohnt aber auch noch nach wie vor das mutige, kreative, lustige, unzähmbare, neugierige Sonnenkind, das ganz hoch hinaus möchte, das die Welt erobern möchte, das viele Freunde haben möchte, glücklich, gesund und erfolgreich sein will, und dabei ein hundertprozentiges Urvertrauen hat. **In diesem Zustand kommen wir auf die Welt.**

Mache dazu folgende Übung:

- Nimm dir ein leeres Buch und einen Stift zur Hand.
- Sorge für ausreichend Ruhe und Ungestörtheit.
- Beginne einen inneren Dialog mit deinem inneren Sonnenkind.
- Vorschläge für den Dialog: „Wo bist du inneres Kind? Magst du dich mir zeigen? Ich höre dir aufmerksam zu. Du kannst dich mir gerne zeigen. Was möchtest du denn am liebsten machen? Auf was hast du denn große Lust? Welchen Beruf möchtest du eigentlich gerne ausüben, wenn du jetzt wählen darfst? Wo

möchtest du eigentlich gerne leben, wenn du es dir jetzt aussuchen darfst? Mit welchen Menschen möchtest du gerne zusammen sein, um von ihnen zu lernen und mit ihnen gemeinsam zu wachsen?

- Auf diese Weise gibt das innere Kind deinem Erwachsenen-Ich ganz wertvolle Hinweise, die du unbedingt berücksichtigen solltest, wenn du mehr Glück und Zufriedenheit in dein Leben ziehen möchtest. Schreibe alles auf. Beginne diese Reise quasi als einen neuen Lebensabschnitt Hand in Hand mit deinem inneren Kind.
- Schreibe alles in deinem Journal nieder, und führe diesen Dialog regelmäßig.
- Durch die Beschäftigung mit den Inhalten bekommst du mehr Klarheit über dich und deine Bestimmung im Leben.

Inneres Kind bei deiner Berufsentscheidung

Dein inneres Kind hat einen unheimlichen Einfluss auf dein gesamtes Leben. Das innere Kind wird den Weg aber nicht umsetzen können. Es äußert lediglich die Träume und Wünsche und Hoffnungen. Du merkst das automatisch daran, wenn es um dein Herz herum warm wird. Umsetzen darfst du alles mit deinen Möglichkeiten als Erwachsener.

Deine Hobbys sind Design, Gestaltung und überhaupt alles Kreative und eigentlich möchtest du sie zu einem Beruf machen, arbeitest aber stattdessen in der Finanzverwaltung?

Du möchtest Rennfahrer werden und Rekorde aufstellen,

hast dich aber bisher nicht getraut?

Als Kind wollen wir so vieles werden: Astronaut, Filmschauspieler, Olympiagewinner, Magier, Millionär. Es ist nie zu spät damit zu beginnen. Dein inneres Kind kann hier der optimale Berufsberater und Motivator sein. Einen besseren wirst du nicht finden. Was du allerdings daraus machst und wie du es praktisch in die Tat umsetzt, das musst du selbst hinbekommen. Hier kannst du wunderbar deine Erwachsenen-Kompetenzen ins Spiel bringen, also Planen, Kurse belegen, Weiterbildungen machen, Fernstudium beginnen, nebenberufliche Tätigkeit aufnehmen, selbstständig machen, andere Menschen mit ähnlichen Zielen suchen und sich austauschen, Bücher lesen, YouTube Videos anschauen. Eben alles, was in die Richtung deines Sonnenkindes geht, darfst du dir aneignen und dann Schritt für Schritt deinem tatsächlichen Lebensziel näherkommen.

Niemand kann erwarten, dass dies nun innerhalb kürzester Zeit nachgeholt wird. Habe also Geduld und nimm dir die Zeit und die Kraft und dann wirst du deinem Ziel immer näher kommen. Und da bekanntlich schon der Weg das Ziel ist, wirst du auf deinem Weg bereits viel mehr Lebensfülle und Freude und Glück erleben als bei deinem vorherigen Werdegang.

Auch hört man immer wieder insbesondere junge Menschen, die wenn sie gefragt werden, gar nicht wissen, was sie aus ihrem Leben machen wollen. Auch hier könnte es daran liegen, dass sie von viel zu vielen Erwachsenen „bearbeitet" wurden, die ihnen „vernünftige" Ratschläge gegeben haben, was *der sicherste oder beste Weg* für sie sei. Mein Rat an diese jungen Menschen wäre ein ganz anderer:

Entdecke dein inneres Kind und verlasse dich darauf,

dass dein Herz die richtige Antwort auch auf deine Berufsfrage schon kennt. Nun musst du lediglich den Weg dahin umsetzen. Viel Spaß dabei!

Der Grundgedanke dahinter ist auch, dass jeder Mensch eine Berufung in sich trägt, die nicht bloß mit finanzieller Absicherung, Krankenversicherung und Rentenvorsorge zu tun hat, sondern die in allererster Linie das Ziel verfolgt, mit dem was man tut, wirklich **glücklich** zu sein. Ist das der Fall, dann kommen die finanziellen Dinge von ganz allein. **Follow your purpose!**

Dritter Teil: Selbstliebe lernen

Das Thema Selbstliebe ist in unserer Gesellschaft ein Randthema und teilweise sogar verpönt. Das liegt daran, dass es allzu vorschnell mit Egoismus gleichgesetzt wird. Schon in der Kindheit lernen wir: „Der Esel nennt sich nie zuerst“, „Gib erst den anderen, dann gib dir selbst“, „Denke an deinen nächsten und weniger an dich“, „Ordne dich unter“ und so weiter. Du kennst das alles selber sehr genau.

Daraus bilden sich Glaubenssätze, die uns unser Leben lang begleiten. Allzu leichtfertig begeben wir uns in die Rolle des Dieners, des Zweitrangigen oder Zweitklassigen, denn zuerst muss man ja immer an die anderen denken. Das passt natürlich super in unser gesellschaftliches System und in die moderne Arbeitswelt, denn wenn alle zuerst an sich denken würden, wer würde dann die ganze Arbeit erledigen?

Was aber nur leider oft zu kurz kommt, sind unsere persönlichen Wünsche, Hoffnungen, Verlangen und Ziele. Immer wieder hört man Leute sagen: „Ja, wenn ich mal Zeit habe, dann werde ich da und dahin reisen, wenn ich Rentner bin, dann nehme ich mir Zeit meine Hobbys richtig auszuleben. Der Tag ist schon wieder vorbei und für meinen geliebten Sport hatte ich leider wieder keine Zeit. Egal.“ - Leute das kann nicht richtig sein! So geht ihr doch mit anderen auch nicht um!

Aus einem einfachen Grund ist das der falsche Ansatz: Dieses Leben ist sehr kostbar und es gehört uns allein. Wir sind von Geburt an frei. Wer nicht jetzt die Kurve kriegt zu einem freien und selbstbestimmten Leben, der wird es nie schaffen.

Wir haben jeden Tag die Möglichkeit, uns selbst lieben zu lernen, unsere Träume, Ziele, Hoffnungen und Vorhaben nicht nur als Träume zu behandeln, sondern umgehend in die Tat umzusetzen. Streng genommen sollte dies sogar die erste Priorität sein noch vor allem anderen. Denk mal darüber nach: Wenn du zufrieden bist und glücklich mit dem, was du tust, sowohl privat als auch beruflich, wenn du deinen Lifestyle lebst und dich selbst verwirklichst, was strahlst du dann für andere aus? Ganz genau: Du bist ein **Leuchtturm** und ein glänzendes **Vorbild** für alle anderen Menschen, es ebenso zu tun.

An dem Sprichwort: „Wenn jeder an sich denkt, ist an alle gedacht“, ist tatsächlich viel Wahres dran.

Das heißt ja nun nicht, dass wir uns blind machen sollen für die Probleme anderer und niemandem mehr helfend unter die Arme greifen, wenn diese unsere Hilfe benötigen. Das ganz und gar nicht. Aber allzu sehr sind wir von dem Glaubenssatz überzeugt: Erst die anderen, und wenn dann noch was übrig ist, dann komme ich. Das ist falsch. Es wurde uns falsch vermittelt.

Ein Beispiel aus der Natur:

Stell dir eine große Eiche in einem schönen Garten vor. Diese Eiche ist etwa einhundertfünfzig Jahre alt, breit und sehr groß und wunderschön anzuschauen. Sie ist der strahlende Mittelpunkt in dem wunderschönen Garten. Ohne sie wäre der Garten nicht halb so schön. In ihren Baumkronen nisten regelmäßig die Vögel, Insekten haben dort ihren Lebensraum gefunden, der Baum spendet für alle Lebewesen in der heißen Sommerhitze angenehmen Schatten und wenn der Wind die Blätter der Eiche bewegt, dann können wir uns das stundenlang anschauen, weil es so beruhigend ist. Unser Picknick halten wir am liebsten unter dieser Eiche, weil es dort so gemütlich ist.

Was denkst du, hat diese Eiche die letzten einhundertfünfzig Jahre gemacht, um so groß und stattlich zu werden? Hat sie vielleicht zuerst für sich selbst gesorgt, um sich so zu entwickeln?

Nun sie hat zuallererst dafür gesorgt, dass sie genügend Wasser hat, dass sie genügend Nahrung bekommt und dass sie genügend Licht erhält. Sie hat also einen Großteil der Ressourcen zunächst mal für sich in Anspruch genommen und hat aber gleichzeitig versprochen, dass sie später alle anderen Bewohner des Gartens teilhaben lässt an ihren Möglichkeiten und Vorzügen. Genau dieses Versprechen hat sie letztendlich eingehalten. Wäre sie aber weniger selbstliebend gewesen, dann hätte sie es nie so weit gebracht. Dann wäre sie klein und zerbrechlich geblieben und hätte ein Schattendasein geführt.

Willst du also auch eine große und starke Eiche werden? Dann darfst du die Selbstliebe fokussieren und ganz stark in deinem Leben verankern.

Fang an, dir Gutes zu tun, wo immer und wann immer es geht: Du stehst ab sofort an erster Stelle.

Du möchtest Sport machen? Dann fang jetzt an. Du möchtest eine Tasse Kaffee in Ruhe genießen? Dann nimm dir eben jetzt die Zeit und arbeite nachher dafür ein bisschen schneller, wenn das sein muss. Erst die Arbeit dann das Vergnügen? Belohnungsaufschub um jeden Preis? Vergiss es! Du hast viel mehr Lust, dich deinen Hobbys zu widmen, anstatt schon wieder im Büro rumzuhocken? Deine Leidenschaft kommt ständig zu kurz? Dann nimm dir ein paar Tage frei oder plane eine Halbtagstätigkeit statt Vollzeit und forciere lieber persönlichen Interessen.

Das klingt im ersten Moment ziemlich egoistisch. Ist es im Grunde genommen auch. Aber kennst du irgendeinen erfolgreichen Menschen auf dieser Welt, der nicht nach diesem Grundsatz gehandelt hätte? Heute geben Sie anderen Menschen Arbeit, sie produzieren wichtige Güter, machen Erfindungen oder treffen wichtige Entscheidungen.

Am Anfang fällt es vielen Menschen schwer, hier umzuschalten. Doch es ist wirklich notwendig diesen Hebel im Kopf umzulegen. Du bist es wert! Du selbst bist mit das Beste, was du im Leben hast. Möglicherweise hast du noch liebe Menschen um dich herum, deine Partnerin oder deine geliebten Kinder. Ebenso geliebte Haustiere oder sehr gute Freunde, die dir ans Herz gewachsen sind. Aber wenn du für die alles tust, dann solltest du ebenso gut für dich auch alles tun.

Das ist weder unanständig noch unrichtig, sondern es ist ganz im Sinne der Schöpfung, dass du dich selber gut behandelst und gut für dich sorgst. Wenn du jetzt gut für dich sorgst, dann kannst du später wieder viel besser für andere sorgen. Sei die prächtige Eiche und nicht der winzige Strauch.

Selbstliebe-Blockaden bildeten sich in der Kindheit

Viele der Glaubenssätze um das Thema stammen aus der Kindheit. Meist waren unsere Eltern und Großeltern noch sehr konservativ erzogen und es galt als verpönt, zuerst sich selbst zu bevorzugen. Wer im Kreise der Familie schon mal an einer gemeinsamen Tafel gesessen hat, zum Beispiel bei einer Geburtstagsfeier, der weiß, wovon ich rede. Wehe dem, du hast dir das erste Stück Torte selbst auf den Teller gelegt. Für unsere Eltern, Lehrer, Erzieher und so weiter ging das damals überhaupt nicht. Über diesen Weg haben wir gelernt: ordne dich unter, warte bist du dran bist, lass anderen höflich den Vortritt, verhalte dich solidarisch.

Diese Blockaden sind also hausgemacht und sagen noch gar nichts darüber aus, ob das Verhalten richtig oder falsch ist. Natürlich darfst du zuerst an dich denken, natürlich darfst du dich auch bevorzugen, denn du bist ja genauso viel wert wie alle anderen. Was bitte schön soll daran schlimm sein? Jeder kann / darf das machen, wie er will.

Wer immer nur an andere denkt, der fühlt sich irgendwann klein und ohnmächtig. Der denkt von sich irgendwann selber: „Ich zähle nicht so viel, ich bin es nicht wert, ich habe gar nicht das Recht dazu." Wer aber ebenso gut an sich selbst denkt, indem er sich nimmt, was er möchte, wer an warmen Sommertagen kurzfristig einen Urlaubsantrag einreicht, um die Sonne mit der Familie am Strand zu genießen, anstatt im Büro zu schwitzen, und wer pünktlich seinen Arbeitsplatz verlässt, anstatt Überstunden zu machen und lieber ins Gym gehen möchte, der macht meiner Meinung nach alles richtig.

Die Sozialisationsfalle

Als erstes lernen wir als Kinder, dass wir so wie wir sind anscheinend *nicht* in Ordnung sind. Wir sind viel zu zappelig, wollen nicht still am Tisch sitzen, wir reden viel zu viel und zu laut, wir haben nur das Spielen im Kopf, anstatt zu lernen, unsere Haare sind viel zu lang, obwohl uns das gut gefällt, wir wollen uns lieber mit Freunden treffen, anstatt zur Familienfeier zu gehen.

Da wir aber dazugehören wollen und nicht ständig ein schlechtes Gefühl haben wollen, fangen wir im nächsten Schritt an, das zu tun, was uns gesagt wird, auch wenn es uns nicht passt. Damit beginnt ein fataler Teufelskreis, der erst dann endet, wenn du ihn aktiv unterbrichst. Das ist insofern schwierig, wenn dein Umfeld hier nicht deiner Meinung ist.

Da gibt es eigentlich nur zwei Lösungsansätze. Die erste Möglichkeit: Du setzt dich gegen dein Umfeld durch. Das wird zugegebenermaßen nicht ganz einfach werden. Die zweite Möglichkeit: Ist etwas härterer Natur. Du distanzierst dich zeitweise oder komplett von deinem jetzigen Umfeld, du suchst dir neue Bekannte und Freunde. Ein Umfeld, in dem du deine Persönlichkeit besser wachsen und gedeihen lassen kannst. Auch in puncto Selbstliebe.

Natürlich gibt es Menschen, die ebendies tun. Die zum Beispiel sagen: Ich möchte mich selbst verwirklichen, ich möchte meinen Traumberuf ausüben, ich möchte Spaß haben, ich möchte genügend Geld verdienen, um all das besitzen zu können, was ich besitzen möchte (Stichworte: mein Haus, mein Pferd, mein Boot). Ich möchte eine Weltreise machen, ich möchte eine neue Sprache erlernen und so weiter. Wenn du dich mit solchen Leuten umgibst, dann ist die Wahrscheinlichkeit natürlich viel höher, dass sie dich mitziehen und dass du von ihnen und sie von dir lernen können. Diese Klientel besitzt andere Glaubenssätze.

Nachholen was in der Kindheit versäumt wurde - Mit dem richtigen Umfeld

Es gilt also jetzt das umzuprogrammieren, was in der Kindheit anders vermittelt wurde. Dazu ist es nie zu spät. Wie gerade schon erwähnt, ist es deshalb hilfreich, wenn du dich in dieser Phase deiner eigenen Transformation gezielt mit den Leuten umgibst, die unterstützend sein können. Jedenfalls würde es schwierig werden im alten Umfeld.

Ein Beispiel:

Herr Müller ist bekannt dafür, dass er morgens der erste und abends der letzte im Job ist. Selbstverständlich übernimmt er Zusatzaufträge und macht Überstunden. Manchmal kriegt er dafür auch eine Sonderzahlung. Aber für ihn ist es keine Frage die Wünsche seines Chefs zu erfüllen, denn so ist er erzogen worden. Nun hat Herr Müller aber den Entschluss gefasst, auch mal etwas für sich zu tun, mehr Zeit mit der Familie zu verbringen, ein Fernstudium zu beginnen oder halbtags zu arbeiten und dafür lieber Zeit im eigenen Schrebergarten zu verbringen. Lässt sich alles vereinbaren? Es wird schwierig, den Chef und die Kollegen zu überzeugen, die sich so sehr an die Aufopferungsbereitschaft von Herrn Müller gewöhnt hatten.

Sobald andere versuchen dich zu manipulieren, aktiv zu unterdrücken oder dich von deiner persönlichen Entwicklung abzuhalten, sollten deine Alarmleuchten angehen. Das darfst du nicht zulassen. Natürlich wollen andere Menschen, dass du so bleibst wie du bist. So kennen sie dich, so haben sie sich sehr gut an dich gewöhnt. So ziehen Sie den größten persönlichen Nutzen aus dir.

Ist ja auch großartig, wenn andere immer alles erledigen. Aber ist es auch für dich das Richtige, wenn du immer alles für andere tust? Eine klare und strikte Ansage ist hier manchmal nötig, um andere in die Schranken zu weisen. Schließlich handelt es sich letztendlich ja nicht um eine Glaubensfrage oder um ein freies Spiel der Kräfte. Du hast wie jeder Mensch Persönlichkeitsrechte. Und die sind durch das Gesetz verbrieft. Das heißt, letztendlich handelt es sich bei deiner Persönlichkeitsentwicklung auch um ein justiziables Recht.

Du hast keine Schuld

Bei der Frage der Aufarbeitung geht es nicht darum, wer Schuld hat und wer nicht. Es geht lediglich darum, sich einmal anzuschauen, woher das Ganze rührt. Und ganz bestimmt wirst du in der Kindheit oder in deiner Schulzeit eine Menge Anhaltspunkte dafür finden, dass das Thema Selbstliebe viel zu kurz gekommen war.

Wenn du es bisher versäumt hattest hier einen Schwerpunkt zu suchen, dann hast du keine Schuld. Denn woher hättest du es besser wissen sollen oder wissen können. Alles, was wir bis hierher erlebt haben, war richtig. Nichts passiert gegen dich, alles passiert für dich. Hier und jetzt geht es darum, dass du anfängst mit dem Thema Selbstliebe all die Aspekte in dein Leben bringen, die etwas mit dir persönlich zu tun haben und die dir guttun. Du darfst dich selbst belohnen, dich selber beschenken und das einfach genießen. Du bist es wert.

Was wird der Benefit sein, wenn du so handelst? Ganz klar: Mehr Zufriedenheit, mehr Glück, mehr Gesundheit, mehr Stabilität, mehr Stressresistenz. Ein besseres Mindset und bessere Zielerreichung.

Denk doch mal an das eben erwähnte Bild von der starken Eiche zurück. Auch die Eiche hat im Laufe ihrer Entwicklung ganz viel getan, um groß und stark zu werden. Nachher ist sie der Lebensraum für viele andere Lebewesen. Umgekehrt wird ein Mensch, der sich kaum um sich kümmert und sich selbst sehr stark vernachlässigt, irgendwann auch nicht mehr in der Lage sein, adäquat für andere zu sorgen. Dann hätten alle verloren. Das soll eine Motivation für dich sein, die Selbstliebe nun zu verwirklichen. Im Folgenden nun einige konkrete Tipps wie es losgehen kann.

Tipps und Tricks für mehr Selbstliebe

Bei der Selbstliebe geht es nicht immer nur darum, uns selber das zukommen zu lassen, was wir gerne hätten. Vielmehr dürfen wir uns darüber im Klaren werden, was wir wirklich brauchen, um definitiv gesund und glücklich sein zu können. Komme ich beispielsweise zu dem Schluss, dass mein Job in der jetzigen Form so viel Stress produziert, dass mir das auf Dauer nicht guttun kann, dann sollte ich nicht lange lamentieren, sondern ich sollte eine Entscheidung treffen, die möglicherweise hart ist und auch riskant sein kann, die aber dennoch die Möglichkeit birgt, Stress zu reduzieren.

❖ Üben Nein zu sagen, wenn es darauf ankommt

Andere Menschen haben andere Glaubenssätze. Möglicherweise denkt dein Chef, dass es nicht in Ordnung ist, zwischen der Arbeit zu viele Pausen zu nehmen, selbst wenn du dein Tagespensum immer locker schaffst. Das wäre dann möglicherweise ein falsches Vorbild für andere: „Wo kämen wir denn da hin, wenn jeder das so machen würde?"

Du siehst, überall sind Menschen, die sich zu sehr an deine Opferbereitschaft gewöhnt haben und die natürlich gerne daran festhalten wollen.

Hier gilt für dich eine wichtige Regel, die durch nichts zu ersetzen ist:

Finde keine Kompromisse, die dir nur schaden. Setze dich durch!

Das kommt hier an dieser Stelle deshalb so klar und eindeutig, weil du in der Sache keinen Kompromiss eingehen kannst. Sonst wird es garantiert wieder nicht funktionieren. Wenn du eine Entscheidung getroffen hast, dann setze diese auch um. Das ist dein gutes Recht. Weniger ist mehr. Und du musst nicht das Leben der anderen leben. Also: Fokussiere deine Ziele und setze klare Grenzen, wo irgendjemand von außerhalb versucht, dich zu manipulieren, um dich von deinem Selbstliebe-Projekt abzuhalten. Verteidige deine Rechte.

❖ Eigene Bedürfnisse wahrnehmen und berücksichtigen

Dies ist eine sehr einfache, aber unglaublich sinnvolle Übung. Jeder von uns hat zwischendurch Bedürfnisse. Aus Nettigkeit zögern wir dann vieles heraus, verschieben es eben auf später, auf die Pause oder auf den Feierabend. Aber wie viel besser kannst du deine Sachen erledigen, wenn du deine Bedürfnisse zwischendurch befriedigst.

Stell dir mal Folgendes vor: Du arbeitest von zuhause im Homeoffice. Nach einer Stunde könntest du weitermachen, tust es aber bewusst nicht. Sondern du nimmst dir eine zehnminütige Pause, in der du dir eine leckere Tasse Tee oder Kaffee zubereitest und sie auf deiner sonnigen Terrasse genießt. Du kannst die Zeit ebenso gut nutzen, dich kurz in deinen Liegesessel zu legen und die Augen zu schließen. Ein kurzer *Powernap* hat noch niemandem geschadet. Sport oder ein Spaziergang tun auch zwischendurch während der Arbeit gut. Wieso also bis auf den Feierabend warten?

Diese kleinen Zwischenbelohnungen habe einen enormen Effekt auf deine Leistungsfähigkeit und auf deine Motivation. Kurze Ziele zu setzen ist immer besser als lange Ziele zu haben. Wenn du zwischendrin weißt, dass die nächste Pause schon in Sicht ist, dann bist du gleich doppelt motiviert. Frisch aus der Pause kommend, hast du wieder frische Energie und du kannst viel mehr in weniger Zeit schaffen.

❖ Selbstkritik sofort stoppen

Wie wir in den vorangegangenen Kapiteln Achtsamkeit und inneres Kind bereits gelernt haben, sind unsere negativen

Glaubenssätze ganz stark in unserer Biochemie verankert. Damit die Verhaltens-Programme schneller zum Gehirn durchdringen können, benutzen sie besondere biochemische Mechanismen, welche uns glauben lassen, dass wir gar nicht anders können, als so zu handeln. Die ist evolutionsbiologisch erklärbar. Wenn also solche selbstkritischen Gedanken kommen, Zweifel die zum Beispiel noch dadurch verstärkt werden, dass deine Umwelt entsprechendes äußert, dann musst du um jeden Preis diese Selbstkritik in den Griff bekommen. Verwende die Achtsamkeitsregeln (siehe oben) und vertraue darauf, dass dein eingeschlagener Weg der Richtige ist.

❖ „Scheiß auf Perfektion“

Kennst du das Pareto Prinzip? Es ist besser bekannt als die 80/20 Regel. Ein Wissenschaftler namens Pareto hat allen Ernstes handfeste Anhaltspunkte dafür gefunden, dass man eine Sache zu 80% erledigen kann, indem man lediglich 20% Aufwand betreibt.

In der Schule haben wir noch gelernt: „Mach es so gut wie du kannst, und wenn du irgendwo nur einen Fehler hast, dann ist das schon ein Fehler zu viel. Mach es perfekt.“

Vor dem Hintergrund des Pareto Prinzips ist das alles gequirlter Nonsens. Denn die meisten Dinge kann man auch zu 80% erledigen und sie sind ziemlich gut erledigt. 80% ist auch ziemlich nah an 100% dran. Wenn du aber mal schaust, dass du dafür nur 20% Aufwand betreiben musst, dann wird klar ersichtlich, dass du mit deinen restlichen 80% an Energie und Zeit ziemlich viele andere sinnvolle Dinge erledigen kannst.

Die meisten Menschen gehen aber so vor: Sie wollen eine Sache zu 100% Prozent erledigen. Also zum Beispiel im Job, in der Familie, beim Kochen des Abendessens, beim Erledigen der Hausarbeit (die Klamotten müssen gewaschen und gebügelt werden, Hemden müssen gestärkt werden, die Küche muss täglich geputzt werden, an den Schuhen erkennt man den Menschen, deshalb immer Schuhe polieren, und so weiter).

Also um diese 100% Ergebnisse zu erzielen, müssen dann 100% Prozent Energie und Zeit investiert werden. Ist doch völlig logisch, dass bei einer solchen Arbeitsweise am Ende alle erschöpft sind und keine Zeit und keine Lust mehr da sind, noch irgendetwas Sinnvolles auf persönlicher Ebene zu erledigen.

Wieviel weiter kommt man, wenn man das Pareto Prinzip anwendet! Du hast gewissermaßen 5 * 20% Arbeitseinsatz (=100%) und 5 * 80% Arbeitsergebnisse. Wenn du also hundert Prozent Arbeitseinsatz bringst verteilt auf 5 Felder, dann erreichst du im Ergebnis 400% Arbeitsergebnisse. Das ist eine Steigerung deines Outputs um den Faktor 4.

Du kannst also insgesamt auf fünf Feldern aktiv sein (Job, Sport, Familie, Hobbys, whatever) und schaffst Mithilfe dieser Technik im Ergebnis viel mehr. Immer daran denken: Nicht perfekt. Knapp drunter reicht schon. Das Pareto Prinzip ist den meisten Menschen überhaupt nicht bekannt. Alle versuchen krampfhaft immer alles perfekt zu machen. Aber Perfektion ist sowieso eine Illusion, denn jeder versteht etwas anderes darunter. Ist das Bild perfekt? Für den einen ja, für den anderen nein. Schmeckt das Essen perfekt? Ja, nein, vielleicht. Hast du deine Arbeit perfekt erledigt? Die Kollegen sagen ja, der Chef meint Nein. Wer hat Recht?

Also: Die meisten Dinge im Leben können mit 80% Zielerreichung wunderbar erledigt werden. Ganz ohne Gewissensbisse. Einsatzgebiete, bei denen das nicht geht: Astronaut, Herzchirurg, Pilot oder ähnliches. Gehörst du dazu? Aber das sind die Ausnahmen, nicht die Regel. Die Regel sollte immer 80/20 lauten.

Mit Hilfe dieser Methode kannst du neue Zeitfenster freischaufeln und dir Freiräume schaffen. Deine Umgebung wird staunen. Probiere es am besten einfach aus. Du wirst sehr schnell erkennen, dass Dinge nicht perfekt sein müssen, um trotzdem gut zu sein. Hast du die Fenster perfekt geputzt oder einfach nur gut? Spielt doch am Ende gar keine Rolle für den Alltag, denn nach kurzer Zeit musst du den Vorgang sowieso wiederholen.

Die richtigen Ziele setzen

Beim Thema Selbstliebe gibt es häufig ein Missverständnis. Dieses Missverständnis ist durchaus inspiriert durch die Flut an Instagram-, YouTube- und Facebook-Kanälen, in denen selbstoptimierte Influencer zeigen, wie gesund, schön, reich und glücklich sie sind und was für tolle Freunde sie haben. Alles scheint in dieser Welt absolut perfekt zu sein. Viele Menschen leiten daraus ab: Ich muss ganz genauso sein wie diese Leute, dann bin ich es wert geliebt zu werden und mich selber zu lieben. - Falsch!

Du bist bereits jetzt liebenswert und verdienst es bereits jetzt, dich selber zu lieben und dir Gutes zu tun und dich zu belohnen. Also nicht erst, wenn du irgendwelche Ziele erreicht hast. Das ist ja auch so ein Glaubenssatz aus der Kindheit oder aus unserer Schulzeit: „Belohne dich erst dann, wenn du etwas erreicht hast.“ Hast du das auch so kennengelernt? Ich glaube wir wissen alle, von was die Rede ist.

Aber im Grunde genommen leisten dein Körper, dein Geist und deine Seele in jedem Moment Höchstleistungen. Ständig müssen wir funktionieren, für andere da sein, im Job Höchstleistungen bringen und so weiter. Wenn wir den Moment der Belohnung so weit hinausschieben, dann verlieren wir Freude und Energie. Pausen und Belohnung sind deshalb in viel kürzeren Abständen zu setzen, als man es bisher gewohnt war. Das ist genau das Gegenteil von Belohnungsaufschub.

Angeblich soll es ja so sein, dass all die, welche langfristig auf Belohnung verzichten können, erfolgreicher sind. So hört man das ja ab und zu und dazu gab es auch psychologische Experimente, die das nachgewiesen haben *wollen*. Man kann solche Studien aber auch genau umgekehrt lesen: Würden sich Menschen also umgekehrt öfter zwischendurch belohnen, dann würden sie auch viel schneller die gesetzten Ziele erreichen und unterwegs nicht einknicken, weil die Belohnung viel zu lange dauert. Aus diesem Grund sind schnellere Zwischenziele zu setzen, bei denen man sich kurz mal belohnt und feiert, wo man gerade steht. Das Maximalziel wird in viele kleinere Zwischenziele unterteilt, um Demotivation vorzubeugen. Kleinere Ziele erreichen wir viel sicherer, und das hält uns bei Laune.

Das hat eben etwas mit der Bereitschaft zur Selbstliebe zu tun. Trau dich auch kleine Erfolge zu zelebrieren!

Selbstfürsorge führt automatisch zu Selbstliebe

Wer die eben gemachten Tipps umsetzt, der ist ein ganz großes Stück vorangekommen auf dem Weg zu echter Selbstliebe. Es klingt so banal: Pausen machen, Auszeiten nehmen, eine Tasse Tee genießen, ein gutes Buch lesen, Joggen, die Hausarbeit mal ruhen lassen, angeblich so dringende Termine absagen oder verschieben. Nein sagen zu Personen, die dich ständig davon abhalten wollen, dich um dich selbst zu kümmern.

Aber so banal ist es nicht. Es ist ein Meilenstein in deiner Entwicklung. Denn mit anderen würden wir ja so auch nicht umgehen, wie wir es mit uns selbst manchmal tun.

Die überraschende Erfahrung, die viele auf diesem Weg machen, ist folgende: Je mehr du dich um dich selbst kümmerst und je mehr du dich rarmachst, desto mehr bemühen sich plötzlich andere darum, deine Gunst und Aufmerksamkeit wieder zurückzugewinnen. Jetzt wird dein wahrer Wert im Außen erkannt. Indem du zeigst, dass deine Zeit wertvoll ist, steigt auch der Respekt durch andere. Behandelst du dich respektvoll, tun es auch andere. Lässt du dich gebrauchen, dann gebrauchen dich andere. So ist das.

Werte und Eigenschaften, die dich unterstützen können

Im Folgenden ich dir einige Werte und Eigenschaften vorstellen, welche die Arbeit an der eigenen Selbstliebe erheblich erleichtern können. Es handelt sich dabei gewissermaßen um Schubkräfte, die dich nochmal deutlich beschleunigen können in deinem Vorhaben.

1. Begeisterung

Wenn du etwas tun musst, von dem du wenig begeistert bist, dann geht es oft nur schwer voran. Umgekehrt können wir uns dieses Prinzip allerdings auch zunutze machen. Wenn wir Dinge für uns selbst tun, mit denen wir uns richtig gut identifizieren und auf die wir Lust haben, dann sind wir begeistert.

Wir brennen dann für die Sache. Wenn du liebend gerne Filme schaust, dann wird der Besuch im Kino nicht nur eine willkommene Abwechslung oder eine gelungene Pause, sondern er entspricht deinem Naturell. Du feierst die Momente, in denen du vollkommen abschalten kannst und 100% Spaß und Freude erlebst. Wenn du morgens schon mit dem Gedanken aufstehst und die Kinokarten schon bereitgelegt hast, dann wird der Rest des Tages ein Kinderspiel sein. Alle um dich herum werden bereits merken, dass du richtig gut drauf bist. Natürlich darfst du schwärmen von deinem Vorhaben.

Im Grunde genommen kann das alles sein, für das wir uns richtig krass begeistern und auf das wir richtig *Bock* haben. Wenn wir uns so belohnen und uns selber die nötige Aufmerksamkeit schenken, dann ist das der Booster für Selbstliebe. Wir machen also nicht nur *etwas* für uns, sondern wir machen sogar das, was uns **am allermeisten Spaß macht**. Im Grunde genommen fühlen wir uns dann so ein bisschen wie kleine Kinder vor dem Auspacken der Geschenke an Weihnachten.

2. Keine Selbstfürsorge ohne Achtsamkeit

Manchmal verfallen wir wieder in alte Glaubenssätze zurück. Das Konzept der Achtsamkeit hilft uns, wieder rechtzeitig in die richtigen Bahnen zu gelangen. Immer dann, wenn wir merken, dass wir unsere Pausen nicht konsequent einhalten, dass wir unsere persönlich gesetzten Ziele nicht konsequent verfolgen, wenn wir unsere Freizeitplanungen umwerfen zugunsten der Anforderungen im Job, dann läuft was falsch. Hier hilft nur die Achtsamkeit weiter, um im richtigen Moment zu erkennen, was gerade passiert. Dann heißt es Einschreiten. Die gesteckten Selbstfürsorge-Ziele sollen erreicht werden! Ein Nein im Job, ein Nein zu Freunden oder der Frau, sind dann möglicherweise der einzige Ausweg.

Am Ende wird es möglicherweise so sein, dass auch dein Umfeld dich plötzlich als sehr selbstbewusst wahrnimmt und als selbstwirksam. Das heißt, die anderen werden auch merken, mit welcher Vehemenz du plötzlich deine eigenen Rechte verteidigst gegen den Zugriff anderer. Das macht Eindruck. Ganz sicher werden als eine Art Nebenwirkung deshalb der Respekt und die Anerkennung deines Umfeldes dir gegenüber steigen.

Exkurs: Bei Verhandlungen gilt immer ein Grundsatz: Es gibt nicht die Situation, dass einer vollständig mächtig ist und der andere vollständig ohnmächtig ist. Beide Seiten verfügen in der Tat über Machtmittel, um sich durchzusetzen, über Verhandlungsmasse, die sie in die Waagschale werfen können. Wer will schon eine gute Mitarbeiterin verlieren, welche an sich ihren Job hervorragend ausübt? Wer will einen guten Freund verlieren, der immer zuverlässig, nett und hilfsbereit war? Verhandle also immer in deinem eigenen Sinne. Deine Umwelt wird dich umso mehr zu schätzen wissen.

3. Finde individuelle Methoden, um den Stress zu reduzieren

Jeder Mensch kann für sich kleine und leicht anzuwendende Methoden finden, um den Alltagsstress zu reduzieren. Merke dir diese Methoden, die bei dir sehr gut funktionieren, und wende sie regelmäßig an, wenn du merkst, dass du sie brauchst.

Eine Methode, die bei vielen Menschen funktioniert, ist körperliche Betätigung. Immer dann, wenn man sich mental unwohl fühlt aufgrund hoher Herausforderungen und Belastungen bei der Arbeit, in der Familie oder bei was auch immer, dann hilft körperliche Betätigung.

Das kann natürlich zum einen Sport sein, also Fahrradfahren, Wandern, einen Spaziergang machen, mit dem Hund raus gehen und vieles mehr. Körperliche Betätigung kann aber ebenso gut bedeuten, sich im Garten auszutoben, in Windeseile die Hausarbeit zu erledigen oder das Auto zu putzen. Letztendlich handelt es sich hier nicht um sinnlose Tätigkeiten, sondern um Dinge, die ohnehin erledigt werden sollen. Vielleicht hast du diese Erfahrungen schon selbst gemacht: Immer dann, wenn man zu viel Kopfarbeit geleistet hat, hilft es, sich körperlich zu betätigen, unter Einsatz seiner Hände. Das Schöne daran ist, du siehst sofort das Ergebnis deiner Arbeit: Der Garten blüht und gedeiht wieder und ist aufgeräumt. Alle Reparaturen sind erledigt. Und das Auto strahlt wieder in neuem Glanz. Picobello

Stell dir das so vor: Du hast zwei Akkus. Einen mentalen und einen körperlichen Akku. Wenn du also viel Kopfarbeit (Beispiel Büro) leisten musst, also Planung, Tabellen auswerten, Dokumente ausfüllen, dann wird der mentale Akku nach und nach logischerweise entladen. Um diesen am schnellsten wieder vollzubekommen, betätigst du dich körperlich auf die angesprochene und empfohlene Weise. Das können kurze, aber intensive Impulse sein, bei denen du dich einmal richtig austoben kannst. Der Stress ist wie weggeblasen und der mentale Akku wieder gefüllt.

Übrigens gibt es auch den umgekehrten Effekt für Menschen, die besonders körperlich belastet sind und viel arbeiten müssen mit ihren Händen und mit ihrer körperlichen Kraft. Für die kann es umgekehrt superentspannend sein, abends zuhause im Homeoffice noch die eine oder andere Stunde Büroarbeit zu erledigen. Endlich kommt der Körper zur Ruhe. Und der Geist kann sich betätigen. Das ist dann pure Meditation. Schau also mal, ob du dieses Wechselspiel zwischen mental und körperlich umsetzen kannst. Dieses Vorgehen hilft!

Plane dir deine Arbeitsabläufe so ein, wie es für dich am besten ist!

Gesunder Egoismus

Wenn wir auf die Welt kommen, sind wir selbstliebende Wesen. Uns liegt sehr viel daran, dass es uns gut geht, dass wir genug zu essen haben, dass wir umsorgt werden, dass wir ein angenehmes Umfeld haben, dass es friedlich zugeht. Warum soll das auch nicht so sein? Schließlich sind wir alle hilfsbedürftig gewesen und wir hatten ein natürliches Recht auf Betreuung. Kein vernünftiger Mensch würde jemals auf die Idee kommen, einem kleinen Kind diese Rechte abzusprechen.

Kaum wurden wir etwas grösser, änderte sich das. Plötzlich durften wir nicht mehr unseren Instinkten folgen. Gegessen wurde nur noch in der Pause. Während dem Schulunterricht durfte man auch nicht aufstehen oder sich bewegen. Sondern still dasitzen und bloß nicht mit dem Nachbarn reden. Ist es richtig, dass man Sechsjährige so behandelt, deren natürlicher Drang etwas ganz anderes verlangt? Hier setze ich mal ein großes Fragezeichen.

Es beginnt also der Umerziehungsprozess. Weg von der Selbstliebe und hin zur *Fremdliebe*. Die Gesellschaft möchte in uns fördern, dass wir zuallererst immer die anderen bevorzugen. Wir sollen anderen Menschen, anderen Regeln, anderen Systeme dienen und deren Anforderungen werden unsere Pflichten.

Unbewusst machen wir als kleine Kinder also alles richtig und werden nach und nach durch äußere Einflüsse aus unserer Umwelt und durch Erziehungseinflüsse davon weggebracht. Das hängt sehr stark mit der Leistungsgesellschaft zusammen, die uns vom Subjekt zum Objekt degradiert, das gut zu funktionieren hat. Frei bestimmende Individuen sind nicht so erwünscht. Denn die könnten ja auf die Idee kommen, stärker ihre Rechte durchzusetzen zu wollen, längere Pausen zu haben, mehr Freiräume für eigene Entfaltung zu haben, öfter mal Sport zu machen, Recht auf höhere Bezahlung einzufordern und so weiter. Diese Darstellung will absichtlich zuspitzen, um klar werden zu lassen, welche Tendenz hinter unseren gesellschaftlichen Systemen herrscht.

Dadurch wird dir aber von Anfang an mitgeteilt: „Du bist es nicht wert, dich persönlich zu bevorzugen.“ Das speicherst du irgendwann so tief auf deiner Festplatte ab, dass du selbst daran glaubst und instinktiv danach handelst.

Diese Programmierung verändert etwas im Menschen. Anstatt das Glück in sich selbst zu suchen und zu finden, versuchen Menschen in der Leistungsgesellschaft dies über äußere Faktoren zu erreichen. Man fängt also an, in der Arbeit perfekt sein zu wollen, um Eindruck zu schinden, und Lob zu erhalten. Man versucht, sich überall anzupassen. Und ja nicht aus der Reihe zu tanzen. Man tut schön brav das, was andere tun. Das sind die Spielregeln.

Wer von dieser strengen Norm abweicht, der wird schnell ausgegrenzt. Es beginnt der Kampf gegen sich selbst. Anerkennung kommt nur noch aus dem Außen (bessere Noten, Beförderung, Aufmerksamkeit und Bewunderung). Das richtige Glück will nicht aufkommen. Der Gedankenfehler, der hierbei gemacht wird, ist es, dass wir nur zum wahren Glück gelangen können, wenn wir mit uns SELBST im Einklang sind.

Fange an: Jetzt!

„Was du heute kannst besorgen, das verschiebe nicht auf morgen."

Dieses bekannte Sprichwort kennt wahrscheinlich jeder. Aber kaum jemand würde darauf kommen, dass es auch auf das Thema Selbstliebe anzuwenden ist. Die gemäß Gesellschaft richtige Reihenfolge wäre nämlich: Kämpfe dich zuerst erfolgreich durchs Arbeitsleben und wenn du deine Rente erreicht hast, dann kannst du anfangen, dich auch ein bisschen mehr um dich selbst zu kümmern. Das ist doch ein gewaltiger Trugschluss. Eine Lebenslüge.

In Wirklichkeit ist es aber so, dass jeder neue Tag ein unglaubliches Geschenk darstellt, das es zu nutzen gilt. Das wäre ungefähr so, als wenn dir jemand 6 Richtige im Lotto anbietet, und du sagst: „Na ja, heute habe ich leider keine Zeit, aber irgendwann bestimmt einmal.“ Das ergibt keinen Sinn. Manchmal erkennen alte Menschen oder Menschen, die kurz vor dem Tod stehen, aufgrund von Krankheit das Geschenk des Lebens – doch leider zu spät. Werde dir also des unglaublichen Wunders des Lebens bewusst und wieviel jeder einzelne Tag deines Lebens wert ist. Dann erkennst du, wie wichtig es ist, dass du bereits heute das Thema Selbstliebe in den Fokus nehmen darfst und zu deiner Hauptaufgabe erklärst. Du bist es dir ab sofort wert.

Akzeptiere, dass ein gesunder Egoismus gut für dich ist.

Was absolut verpönt ist in unserer Gesellschaft, ist das Eingeständnis Egoist zu sein. Das gilt fast als Beleidigung oder als Schimpfwort. Niemand würde in sein Freundebuch schreiben: „Ich bin gerne ein Egoist.“ Warum eigentlich nicht? Meine Empfehlung lautet deshalb: Entscheide dich klar und deutlich: für dich! Sonst fängst du wieder an, ungute Kompromisse einzugehen. Nur wenn du die Trennlinie klar und deutlich ziehst, wirst du das Ganze in der Realität auch gegen äußere Widerstände zu deinem eigenen Nutzen durchsetzen können.

Menschen, die sich selbst lieben, sind in der Regel entspannte Zeitgenossen und kommen im Leben gut klar. Alle erfolgreichen Menschen sind gesunde Egoisten. Es wäre eine Illusion, anders darüber zu denken.

Gehst du selbstliebend mit dir um?

Mach mal folgende einfache Übung: Denke kurz darüber nach, wie du im letzten Monat mit dir umgegangen bist. Also: Was hast du in den letzten vier Wochen alles nur für dich getan. Ja - jetzt kommen wir schon ins Grübeln, und manch einem fällt hier gar nicht so viel ein. Vielleicht muss man auch erst mal eine Weile denken, bis einem dann doch ein paar Punkte einfallen, die man ganz bewusst für sich getan hat.

Mache eine weitere Übung: Denk doch mal darüber nach, was du in derselben Zeit für andere getan hast. Oder welche Pflichten du erledigt hast, die andere dir auferlegt haben. Kann es sein, dass der zweite Part überwiegt? Oder sogar deutlich überwiegt?

Hierin kannst du sehr gut erkennen, ob du liebend mit dir umgehst (gesunder Egoismus) oder ob der Teil stark überwiegt, den du für andere zu geben bereit bist. Irgendwann einmal werden deine körperliche und deine geistige Gesundheit von dieser Statistik abhängen.

Nimm ein leeres Blatt Papier, teile es mit einem geraden Strich in der Mitte und auf der linken Seite schreibst du nun all die Sachen auf, die du für dich getan hast. Auf der rechten Seite notierst du all die Dinge, die du für andere erledigt hast. Jetzt hast du sogar den optischen Beweis, ob das ganze ausgewogen ist, oder ob eine Seite überwiegt oder sogar stark überwiegt. Wenn du permanent und über Jahre hinweg mehr gibst als du bekommst, dann verlierst du irgendwann zu viel Kraft und Energie und kannst weder für dich selbst richtig da sein noch für andere. Das ist wie bei einer kaufmännischen Einnahmen-Ausgaben-Rechnung.

Ist das Verhältnis aber günstig, und dir fließt mehr zu als du gibst, dann hast du lebenslang genügend Reserven, um sowohl für dich gut zu sorgen als auch für andere Menschen dauerhaft da zu sein. Jeder ordentliche Kaufmann arbeitet nach diesem Zufluss-Abfluss-Prinzip. Wenn du mehr ausgibst, also als du einnimmst, dann bist du ein schlechter Kaufmann. Das ist betriebswirtschaftlich sehr schnell und für jedes Kind einleuchtend. **Sei also ein guter Kaufmann deines eigenen Lebens.**

Wer sich nicht selbst liebt, der wird nie geliebt sein

Aus einer anderen Perspektive betrachtet ist es aber auch so, dass wir als Kinder selbstverständlich das Lob und die Anerkennung unserer Eltern ersehnten und erhofften. Manchmal bekamen wir sie, manchmal blieben sie aus. Wir wünschten uns außerdem von unseren Eltern in den Arm genommen und geherzt zu werden. Manchmal passierte das und manchmal auch nicht. Nun gingen wir irgendwann in die große Welt hinaus und erwarteten selbe Verhaltensmuster von unserer neuen Umwelt. Wir erwarteten vom Chef Lob und Anerkennung. Und wir erwarten von unserer Partnerin, dass sie nur um uns herumschwirrt.

Das sind Erwartungen, die aus unserer Kindheit herrühren und die wir nur allzu leicht auf unser ganzes Leben übertragen wollen. Umgekehrt kann auch eine dahinter liegende Angst eine große Rolle spielen, von außen nicht genügend geliebt zu werden. Deshalb lassen wir uns zu Handlungen verleiten, die wir eigentlich selbst gar nicht unbedingt wollen, aber die wir deshalb tun, um diese Liebe von anderen dennoch zu erfahren.

So funktioniert es aber leider nicht. Beide Fälle sind zum Scheitern verurteilt. Denn wenn wir so handeln, werden wir immer kleine, ängstliche Kinder bleiben, die auf das Lob, die Anerkennung und die Zuwendung von anderen warten. Wir sind dann in einer Opferrolle gefangen und abhängig von der Gunst anderer Menschen oder äußeren Umständen. Dieses Verhalten führt am Ende nur zu großer Enttäuschung und zu Konflikten.

Die einzige Lösung besteht darin, noch heute anzufangen, den Spieß umzudrehen. Sich selbst lieben heißt, sich selbst an erste Stelle setzen. Und alles dafür tun, die eigenen Wünsche zu priorisieren und umzusetzen.

Fang also an, dir selber Aufmerksamkeit zu schenken, dir mehr Zeit zu geben, besinnlich sein zu können, einen Ort der Ruhe zu haben.

Selbstliebe: Goldene Tipps und Tricks.

♦ Sei dein eigener Freund

Lobe dich selbst für Kleinigkeiten. Mach dir selbst Mut und motiviere dich. Tu so, als wenn du dein bester Freund in Personalunion bist. Die meisten Menschen machen genau das Gegenteil. Sie machen sich Vorhaltungen, was alles nicht geklappt hat, was alles schief gegangen ist, und was noch nicht in Ordnung ist: „Ich bin zu dick, ich bin zu dünn, ich bin zu hässlich, bei mir funktioniert irgendwie gar nichts." Ist doch klar, dass solche negativen Selbstgespräche einen immer weiter runterziehen.

Umgekehrt können positive Selbstgespräche dazu führen, dass du ein gutes Gefühl hast und in eine bessere Stimmung gerätst. Diese Selbstgespräche können im Gedanken stattfinden, aber es spricht überhaupt nichts dagegen, laut auszusprechen, was du gerade über dich denkst oder fühlst. Wenn du Bock hast, dann ruf es einfach heraus: „Toll gemacht!" „Du bist spitze!" „Mensch, siehst du heute wieder gut aus!"

♦ Verbringe regelmäßig Zeit mit dir allein

Warum ist es so wichtig, Zeit mit sich allein zu verbringen? Nun - im Alltag sind wir ständig von anderen Menschen umgeben und hetzen oft durchs Leben. So fällt es schwer, mal tief in sich hineinzuhören. Das gelingt am besten, wenn du Zeit mit dir allein verbringst. Wenn du den Kontakt mit dir selbst herstellst, findest du sehr schnell heraus, was dir guttut, was deine Wünsche, Hoffnungen und Ziele sind, wo die Reise eigentlich hingehen soll. Die innere Stimme ist einfach besser zu vernehmen, wenn die äußeren Reize reduziert werden. Diese Zeit gehört dann ganz dir. Deine Ich-Zeit.

♦ Habe Geduld mit dir und kritisiere dich nicht ständig

Veränderung kommt nicht von heute auf morgen, sondern benötigt ihre Zeit. Wenn es also Dinge bei dir gibt, an denen du arbeitest, und mit den noch nicht zufrieden bist, dann geh geduldig an die Sache ran. Rom ist ja auch nicht an einem Tag erbaut worden. Kritisieren bringt hier nichts. Viel besser ist es für dich, wenn du jeden noch so kleinen Schritt würdigst. Belohne dich zwischendurch mit einem Kinobesuch, einem leckeren Essen oder einem Besuch in der Sauna.

- **Geh gut mit deinem Körper um.**

Alle, die für die Erziehung von Kindern verantwortlich sind, wissen, was hiermit gemeint ist. Gute Fürsorge bezieht sämtliche Aspekte mit ein. Kinder sollen genügend schlafen, sich gesund ernähren, möglichst wenig ungesunden Stress haben, tunlichst die Finger von ungesunden Substanzen lassen und viel draußen an der frischen Luft sein und die Natur genießen. Im Grunde genommen sind diese Grundregeln relativ einfach. Halten sich deshalb alle Erwachsenen dran im Umgang mit sich selbst?

Weit gefehlt! Zu wenig Schlaf schadet der Gesundheit. Alkohol zerstört die Gehirnzellen. Einseitige und ungesunde Ernährung fördert Krankheiten. Dieses Verhalten ist genau das Gegenteil von Selbstliebe. Merke bitte: So wie du mit denen umgehen würdest, die dir ganz besonders am Herzen liegen (zum Beispiel deine Kinder), so solltest du auch mit dir selbst umgehen. Ein Leben lang!

Entscheidung zur Selbstliebe, gesunder Egoismus ist altruistisch

Zeit, Aufmerksamkeit, Raum und Stille für sich selbst. Indem du dich zu Selbstliebe entscheidest, gönnst du dir den

Abstand von der Stimme der anderen. Nimm dir die Zeit dafür. Gesunder Egoismus kann bedeuten, Sport zu machen. Und das am besten regelmäßig. Denn wer regelmäßig Sport treibt, der lebt gesünder, stärkt sein Immunsystem, Körper und Geist. Wer aber gesünder ist und weniger krank, der entlastet nachweislich das Gesundheitssystem, fällt anderen weniger zur Last, man kann umgekehrt sogar andere noch unterstützen. Das ist ein Beispiel für gesunden Egoismus.

Gesunder Egoismus bedeutet aber auch, klare Grenzen zu ziehen. Menschen mit gesundem Egoismus lassen sich nicht dauerhaft durch andere ausnutzen. Im besten Fall lassen sie sich überhaupt nicht ausnutzen. Wie oft geben wir anderen nochmal eine Chance, die uns aber nachgewiesenermaßen nicht gut behandeln oder die sich dauerhaft toxisch verhalten. Du hast dir selbst gegenüber Standards gesetzt, und akzeptierst nicht, wenn du durch andere schlecht behandelt wirst.

Letztendlich wird man meistens so behandelt, wie man sich selbst behandelt. Oder anders ausgedrückt: Andere Menschen behandeln dich so, wie du behandelt werden möchtest, nicht so, wie du es vielleicht verdient hast.

Wenn du beispielsweise dauerhaft Job und Karriere priorisiert, indem du fleißig und freiwillig unbezahlte Überstunden machst, obwohl dir deine Familie und deine Kinder viel mehr am Herzen liegen, dann beschädigst du am Ende beides: die Lust auf den Job und die Freude in der Familie. Indem du aber eine klare Grenze ziehst, beweist du Größe. Das wird sich auszahlen!

Wenn wir uns erfolgreiche Menschen aller Couleur anschauen, seien es erfolgreiche Unternehmer, Künstler, Schriftsteller oder Sportler, dann können wir in nahezu allen

Fällen attestieren, dass es sich hierbei um Personen handelt, die sich selbst priorisieren. Sie haben zu irgendeinem Zeitpunkt in ihrem Leben entschieden, ihre eigenen Anliegen an erste Stelle zu setzen. Mit dem Ergebnis, dass sie ab einem bestimmten späteren Zeitpunkt ganz viel von ihrem Potential an die Gesellschaft zurückgeben können. Ein Millionär in Deutschland bezahlt die Hälfte seines Gewinns an Steuern. Er hilft damit anderen. Um das zu erreichen, muss er zuerst eigennützig handeln. Schon mal daran gedacht?

Nach diesem Verständnis ist gesunder Egoismus exakt das Gegenteil von dem, was wir *normalerweise* unter Egoismus verstehen. Das Wort Ego kommt aus dem Lateinischen und bedeutet „Ich". Egoistisch zu sein bedeutet im Grunde genommen nichts anderes, als auf seine eigenen Bedürfnisse zu achten. Nicht mehr und nicht weniger.

Die Art und Weise, wie man wirklich Gutes für andere Menschen tut, wird in der Gesellschaft von Kindesbeinen an falsch vermittelt. Gutes Tun bedeutet möglicherweise sogar viel eher ein gutes Vorbild zu sein, anderen zu zeigen, wie gelungenes Leben aussehen kann, ein Leuchtturm zu sein für andere Menschen, die ein Beispiel daran nehmen können, wie man mit Leichtigkeit Berge versetzen kann, indem man sich selbst fokussiert, anstatt sich ständig durch äußere Einflüsse wie eine Feder im Wind hin und her wehen zu lassen.

Wer selber ein toller Mensch ist und davon überzeugt ist, wer sein Leben im Griff hat, auf seine Ernährung, seine Fitness, seine psychische und körperliche Gesundheit achtet, einfach aufpasst, dass es ihm gut geht, und die eigenen Träume und Wünsche nach und nach in die Tat umsetzt, anstatt nur darüber zu reden, der kann für andere Menschen so unglaublich inspirierend sein, dass ihnen dadurch viel mehr geholfen wird, als durch irgendetwas anderes.

Es ist schlichtweg ein Unterschied, ob ich ein oder zwei Menschen in meiner Umgebung etwas Gutes tue, oder ob ich hunderte um mich herum inspiriere und einen Anstoß gebe, auch ihr Leben zu verbessern, indem sie ab sofort gut für sich sorgen. Beispiel, Inspiration, Vorbild spielen eine große Rolle.

Indem du permanent an dir arbeitest und dich zur besten Version deiner selbst machst, strahlst du - ob du willst oder nicht - ganz viel für andere aus. Und ein Lächeln von dir ist viel mehr wert als eine Belehrung. Erwarte also nicht bei allem, was du tust, dass andere dir darauf eine Antwort geben, sich etwa bedanken oder dir dankbar sind. Tu einfach dein Bestes bei allem, was du tust und bleib bei dir. Wer in sich selbst ruht, der hat sein Glück bereits gefunden und ist eine Inspiration für andere.

Zu sich stehen und authentisch sein

Egoismus kann aber noch weitere Aspekte besitzen. Vor diesem Hintergrund hat Ego etwas mit Authentizität zu tun, also mit Echtheit. Du musst dir zum Beispiel nicht von anderen sagen lassen, wie du zu sein hast oder wie du dich zu verhalten hast, wenn das deine Vorstellung von dir selbst betrifft. Dann bist du möglicherweise für einen bestimmten Job nicht geeignet oder musst dir einen neuen Freundeskreis suchen, der besser zu dir passt. Jedoch wäre es falsch, sich gegen seinen eigenen Willen zu verbiegen. Das ist die Akzeptanz des eigenen ungeschminkten Ichs. Im Notfall musst du in der Lage sein, deine eigenen Vorstellungen rigoros zu verteidigen, sobald andere dir auf der Nase herumtanzen wollen.

Die nächste Geburtstagsfeier eines fernen Verwandten steht an und natürlich bist du eingeladen. Es ist schon die zehnte in diesem Jahr. Darauf hast du überhaupt keine Lust, aber du gehst dennoch hin. Richtig oder falsch?

Bei der Geburtstagsfeier geht es hoch her und es wird reichlich Alkohol konsumiert. Man selber hat dem Alkohol abgeschworen und gar keine Lust mehr zu trinken. Dann dauert es nur wenige Minuten, bis man von einigen Menschen belagert wird, die einen davon überzeugen wollen, doch mitzubechern: „Komm schon, einer geht doch. Sei kein Spielverderber. Los stell dich mal nicht so an! Du bist doch kein kleines Kind mehr.“ Du trinkst ein oder zwei Bier gegen deinen Willen. Richtig oder falsch?

Wer an dieser Stelle seinen Willen gegen den Willen der anderen durchsetzt, der riskiert das soziale Miteinander. Jedoch verteidigt er sein Ego. Wie gut ist das Gefühl im Anschluss, wenn man sich selber treu geblieben ist und die Entscheidung durchgesetzt hat, die man getroffen hat, ohne sich wieder überreden zu lassen! Diese neugewonnene Willenskraft kannst du supergut auf andere Situationen übertragen, wenn es darum geht, klare Grenzen zu setzen und ein selbstbestimmtes Leben zu führen. Oftmals hilft Distanz weiter und dann finden sich auch andere (bessere) soziale Kontakte.

Folgende Übungen helfen: Im Restaurant ganz gezielt nach dem Lieblingsplatz verlangen, oder beim Bestellen darum bitten, das Gericht nach einem eigenen Wunsch abzuwandeln, im Taxi den Taxifahrer höflich dazu auffordern, die Musik auszumachen, wenn sie einen stört, oder im Kino einen Platz in der Mitte zu fordern, wären ebenfalls Beispiele für einen gesunden Egoismus. Viele Menschen trauen sich schlicht nicht, ihren Bedürfnissen entsprechende Raum zu verschaffen.

Das Ersetzen der alten Programme auf deiner mentalen Festplatte funktioniert sehr gut durch Affirmationen. Das können schon die kleinen Zettel sein, die am Kühlschrank befestigt sind, oder im Bad am Spiegel hängen: „Heute denke ich an mich. Um 18:00 Uhr mache ich Feierabend. Ich bin großartig, so wie ich bin. Ich sehe fantastisch aus."

Wenn du von Menschen aktiv daran gehindert wirst, dich selbst zu fokussieren, indem sie dich manipulieren wollen, dann könnte es auch hilfreich sein, sich von diesen Menschen zu trennen und sich stattdessen ein anderes Umfeld zu suchen mit einem anderen Mindset.

Sich selber an die erste Stelle setzen, ohne in den Narzissmus abzudriften

Die tatsächliche Spannbreite auf dem Kontinuum wird gebildet von Narzissmus auf der einen Seite und von aufopferndem Altruismus auf der anderen Seite. Gesunder Egoismus, sich selbst an die erste Stelle setzen, ohne sich zu verherrlichen, das ist das Ideal und liegt in der Mitte dieser beiden Pole. Für viele Menschen ist es sehr schwierig, dies anzuerkennen, weil das gegen die gesellschaftlichen Normen spricht.

Nimm dich einfach an so wie du bist, denn so bist du gut. Wer sich selbst annimmt, der wird sehr schnell merken, dass sein Leben sich schlagartig verbessert. Das Training eines gesunden Egoismus ist dabei von entscheidender Bedeutung.

Vierter Teil: Selbstbewusstsein stärken

Umgangssprachlich verstehen wir unter Selbstbewusstsein, ohne Angst und Scheu aufzutreten, wenn also jemand gerne vor anderen Menschen auf der Bühne steht, wenn jemand bereitwillig Verantwortung übernimmt für einen Bereich oder für Menschen, oder wenn jemand frei seine Meinung äußert, ohne die Kritik anderer zu scheuen. Immer dann sprechen wir von einem selbstbewussten Menschen.

Diese Komponenten drücken aus, dass nicht jeder Mensch mit einem hohen Selbstbewusstsein unbedingt über das entsprechende Wissen oder die Fähigkeiten verfügen muss, um sein Selbstbewusstsein zu rechtfertigen.

Aber wann haben wir nun einen entsprechenden Wissens- und Fähigkeiten-Stand erreicht? Am besten dann, **wenn wir selbst davon überzeugt sind**.

Fake it till you make it!

Der erste Weg zu mehr Selbstbewusstsein ist es deshalb, sich selbst einzureden, dass man selbstbewusst ist und keine Scheu hat, auch wenn möglicherweise das Gegenteil der Fall ist. Wer ganz lange wartet, um entsprechende Qualifikationen, Abschlüsse und Zertifikate zu erreichen, der wird dadurch nicht unbedingt selbstbewusster werden, sondern wird durch sein vieles Wissen möglicherweise sogar gebremst werden, weil viel mehr Zweifel entstehen können aufgrund des Wissens.

Wissenschaftliche Untersuchungen belegen, das selbstbewusste Menschen immer höher bewertet werden, als Menschen die Understatement betreiben oder die sich neutral verhalten. Eine Grundregel im Marketing lautet deshalb: Immer leicht übertreiben, niemand will die reine Wahrheit hören. Verkauf bedeutet immer, sich so gut wie möglich darzustellen. Das gilt ebenso im Bewerbungsgespräch, im Wortbeitrag beim Meeting oder am Telefon. Das mag dem einen oder anderen Zeitgenossen unheimlich oder unseriös vorkommen, aber spielt in der Realität wirklich eine große Rolle. Kennst du Werbung, die nicht selbstbewusst daherkommt? Wohl kaum. Dein Verhalten kann auch eine Art Selbstwerbung sein.

Du darfst es also gerne als Fakt hinnehmen, dass ein hohes Selbstbewusstsein eine starke Strahlkraft hat. So funktioniert nicht nur die Marketingwelt, letztendlich ist alles im Leben eine Art Verkauf. Menschen möchten nur ungern das ungeschminkte Bild von etwas haben. Sie wollen begeistert werden. Sie wollen etwas haben, an das sie glauben können und an dem Sie sich orientieren können. Sie wollen Leitbilder, Vorbilder und Idole.

Selbstbewusstsein implementieren

Wenn Menschen alltäglich von Selbstbewusstsein sprechen, meinen sie eigentlich etwas anderes. Nämlich *Selbstsicherheit.* Dass man also selbstsicher eine Präsentation hält, selbstsicher im Gespräch mit anderen ist, selbstsicher im Beruf ist. Selbstbewusstsein im strengen psychologischen Sinne bedeutet, sich seiner selbst bewusst zu sein. Körper, Geist und

Emotionen bilden eine Einheit. Wie man leicht nachvollziehen kann, beeinflusst die innere Haltung die Äußere. Wer also betrübt, traurig oder depressiv ist, der wird dies auch in seiner Körperhaltung kundtun. Dieser Mechanismus funktioniert genauso umgekehrt.

Wenn du absichtsvoll eine würdevolle Körperhaltung einnimmst, also Schultern nach hinten, Brust nach vorne, Kopf nach oben und mit einem freundlichen Lächeln auf den Lippen durch die Gegend spazierst, dann wird sich dies automatisch in deiner Gemütsverfassung niederschlagen und positiv auswirken. Die hormonelle Lage des Körpers wird dementsprechend angepasst. Das Schöne an dieser Technik ist, dass sie im Grunde genommen immer funktioniert. Durch die Aufrichtung deines Körpers und durch das Auflegen eines Lächelns beziehungsweise durch das Hochziehen der Backenmuskulatur werden Glückshormone freigesetzt, welche tatsächlich glücklicher machen. Die äußere Form bestimmt hier die innere Form.

Auch den Regeln der Achtsamkeit folgend kommt es nur darauf an, Signale der negativen Ablenkung frühzeitig zu erkennen. Immer dann, wenn negative Gedanken sich durch negative Gefühle ankündigen, also zum Beispiel in Form von Erinnerungen an eine frühere Situation oder schlechte Erlebnisse, dann gilt es innezuhalten, ein, zwei tiefe Atemzüge zu nehmen, sich mental zu beruhigen, nicht spontan den aufkommenden Gedanken zu folgen, sondern sie eine Weile zu beobachten.

Nach einer Weile wird man schnell verstehen, dass diese Gedanken einem nicht guttun. Negativgedanken können in der Tat das Selbstbewusstsein spontan schwächen, selbst bei Menschen mit einem starken Selbstbewusstsein und bei Menschen mit dramatisch guten Fähigkeiten und viel Wissen. Achtsamkeit ist hier der Schlüssel.

Selbstbewusstsein wird auch konditioniert in unserer Erziehung, in der Schule, bei der Berufsausbildung, an der Universität, im Berufsleben, in der Familie, aber auch in unserem Freundes- und Bekanntenkreis. Wir sind gewissermaßen die Summe der fünf Menschen, mit denen wir uns am meisten umgeben. Handelt es sich hierbei um gnadenlos selbstbewusste Typen, dann ist es sehr unwahrscheinlich, dass wir an einem Mangel an Selbstbewusstsein leiden würden, denn wir würden automatisch über kurz oder lang die Verhaltensweisen dieser Menschen übernehmen.

Du darfst also gerne erkennen, dass dein Selbstbewusstsein auch das Ergebnis deines bisherigen Umgangs mit anderen Menschen ist. Wer hat dich geprägt? Wer waren deine Vorbilder? Wer hat dir vorgelebt, wie Selbstbewusstsein funktioniert?

„Der Geist ist ein schlechter Meister, aber ein guter Diener“

Dieser Spruch kommt aus dem Buddhismus. Er bedeutet so viel wie, dass unser Geist, insbesondere das Unterbewusstsein, nicht dafür geschaffen sind, die alleinige Kontrolle über unser Leben zu erhalten. Wenn wir dies so einrichten würden, dann wären wir bedingungslos aufkommenden Gefühlen und Gedankenstürmen ausgesetzt. Was wir benötigen, ist unser Selbst, also unser Bewusstsein im Gegensatz zum Unterbewusstsein. Vor diesem Hintergrund erscheint das Wort Selbstbewusstsein plötzlich in einem neuen Licht.

Du kannst gezielt Lebensabsichten verfolgen, deine Emotionen und deine Gedanken regulieren und deinen Weg gehen. Du bist also nicht getrieben *von etwas*, sondern du bist *der Antreiber*.

Geist und Körper sind demzufolge untergeordnete Instrumente, welche dir die Umsetzung ermöglichen. Wenn der Geist auf diese Weise verwendet wird, kann er unglaubliche Möglichkeiten entfalten. Unser Gehirn ist ein absoluter Supercomputer. Das meiste davon wird ungenutzt brach liegen gelassen. Es wird wohl die Aufgabe der nächsten Jahrzehnte sein, die unglaublichen Möglichkeiten unserer geistigen Fähigkeiten bewusst nutzbar zu machen und einzusetzen zum Wohle des Einzelnen und zum Wohle aller. Nicht umsonst boomen derzeit die Neurowissenschaften, welche sich mit der Erforschung des Gehirns und seiner bisher unentdeckten Möglichkeiten beschäftigen.

Angst und Unsicherheit sind in Ordnung

Wer das erste Mal eine Sache machen muss, die er vorher noch nicht gemacht hat, der könnte Angst und Unsicherheit verspüren. In der Regel ist das sogar häufig der Fall. Insbesondere dann, wenn man bereits negative Erfahrungen gemacht hat und erwartet, dass sich das Ganze wiederholen würde. Als Folge davon resultiert ein Vermeidungsverhalten, indem man auf generalisierte Weise ähnliche Situationen meidet.

Dabei liegt in der Angst und der Unsicherheit eine große Chance. Mein Appell lautet deshalb: Akzeptiere diese Emotionen und lass dich auf keinen Fall von ihnen aufhalten. Bekämpfe sie nicht, sondern bleib an deiner Sache dran. Mache Sachen erst recht dann, wenn sie für dich eine Herausforderung sind. Mit der nötigen **Playfulness** kommst du hier weiter!

Du kannst dich dadurch unterstützen, indem du die ganze Sache einfach nicht so wichtig nimmst, sondern es mehr spielerisch siehst. Ist doch egal wie die Sache ausgeht. Gut nur, wenn du dich den Ängsten stellst und durch sie hindurchgehst. Du wirst sehr schnell lernen, deine Emotionen auszuhalten und gegebenenfalls werden sie dann von allein verschwinden. Jedenfalls ist es völlig ok, diese Emotionen zu spüren. Indem du dich kontinuierlich und regelmäßig solchen und ähnlichen Situationen stellst und sie auf spielerische Weise ausprobierst, wirst du dein Unterbewusstsein umprogrammieren können. Übung macht den Meister.

Viele Leute, die sich mit dem Thema Selbstbewusstsein beschäftigen, behindern sich auch durch die Vorstellung, sie müssten die Bedingungen anderer erfüllen. Sie gehen an die Sache ran nach dem Motto: „Wenn ich so und so bin, dann bin ich selbstbewusst." So wird es nicht funktionieren. Am besten klappt es, wenn du einfach versuchst, ganz locker du selbst zu sein. Du bist genau richtig und du verfügst bereits jetzt über ein unglaublich großes Potenzial. Möglicherweise musst du einfach lernen, dein persönliches Potential abzurufen. Unverstellt du selbst sein und dabei Spaß haben, das wäre der richtige Weg. Du bist perfekt, so wie du bist!

Gefühle, Gedanken, unser Selbst - ein Vergleich zur IT-Welt

Im Alltagsleben durchmischen wir ständig das, was wir fühlen, was wir denken und was wir selbst entscheiden. Alles scheint für uns eins zu sein. Aufgrund dieser Tatsache können leider Probleme entstehen. Denn diese Annahme ist falsch. Gefühle und damit verbundene Erinnerungen in Form von erinnerten Gedanken oder in Form von Sorgen über die Zukunft rühren aus früheren Erfahrungen, die wir gemacht haben. Somit sind es gespeicherte Eindrücke, die auf Knopfdruck wieder hochsteigen können und uns dann zu bestimmten Handlungen veranlassen können.

Dieser Vorgang dient dazu, dass Komplexität in unserem Leben reduziert wird und wir grundsätzlich täglich schnell handlungsfähig sind. Was aber, wenn das ehemals aufgespielte Programm einen *Virus* enthält? Dann handeln wir immer nach derselben schädlichen Weise, ohne es selbst wirklich mitzubekommen. In der Tat leben die meisten Menschen seit Kindesbeinen in der Vorstellung, dass ihre Gefühle, ihre Gedanken und sie selbst eins seien.

Du kannst es dir in etwa so vorstellen: Deine Gefühle und spontan damit verbundenen Gedanken, Erinnerungen an die Vergangenheit und Vorstellungen von der Zukunft sind im Unterbewusstsein gespeicherte Eindrücke. Auf biochemische Weise kommen sie immer dann zum Vorschein, wenn sie getriggert werden durch die Umwelt. Haben wir es uns zur Gewohnheit gemacht bestimmte Gefühle und Gedanken täglich oder sogar stündlich zu haben, dann verstärkt sich die Biochemie an dieser Stelle. **Gefühle und Gedanken können zur Sucht werden.** Wenn das Gefühle und Gedanken des Glücks und der Zufriedenheit wären, dann hätte sicherlich niemand etwas dagegen. Stören wird es nur, wenn es sich um negative Gefühle und Gedanken handelt, die immer und immer wieder kommen, ohne sich vertreiben zu lassen.

Betroffene fühlen sich ab einem bestimmten Punkt vollkommen hilflos ausgeliefert, weil sie gar nicht wissen, wo sie ansetzen sollen. Fatal ist es, wenn sie den Gefühlen und Gedanken ständig nachgeben, indem sie forschen und suchen, grübeln und nachdenken, in der Hoffnung, dass sie so zur Ruhe kommen würden. Dieser Ansatz verstärkt den Mechanismus aber nur noch. Für ein paar Stunden wird Ruhe sein und danach geht das Gedankenkarussell umso stärker wieder von vorne los. Tatsächlich trainieren sie diesen Mechanismus sogar, ohne es zu wissen.

Es ist hier tatsächlich nicht übertrieben, von einer Sucht oder Abhängigkeit im chemischen Sinne zu sprechen (wie bei einer Drogensucht). Über diese Vorstellung erfahrene Betroffene die komplette Einsicht in ihr Problem.

In der Anfangsphase der Wandlung hinzu einem selbstbewussten Menschen kann es also sehr anstrengend und schwierig sein, ständig aufkommenden Regungen zu widerstehen, welche aus den Tiefen des Unterbewusstseins kommen. Im Laufe der Zeit wird mit entsprechendem Einsatz der Prozess leichter werden. Bis zu dem Punkt, wo die alten Programme durch neue Programme ausgetauscht wurden. Dann kann es zwar immer noch ab und zu vorkommen, dass mal das eine oder andere Gefühl der Unsicherheit auftaucht, aber erstens weiß der Betroffene dann sehr gut, wie er damit umzugehen hat, und zum anderen hat der Suchtfaktor deutlich nachgelassen. Der Drang dem Ganzen nachzugeben, wird also nach und nach abgebaut. Der Körper würde dementsprechend auch biochemisch neu festgelegt. Das ist das Erfreuliche.

Wer diese Reihenfolge verstanden hat, indem er sich ganz bewusst damit auseinandergesetzt hat, wie sein Körper in dieser Hinsicht funktioniert, der wird es um einiges leichter haben, sich erfolgreich zu transformieren.

Bei der Veränderung spielt das Selbst die Schlüsselrolle. Was ist das Selbst eigentlich? Das selbst ist die zentrale Instanz, mit der wir in der Lage sind, alles zu analysieren und zu hinterfragen. Dank des Selbst sind wir in der Lage, aus uns selbst heraus bewusste und gezielte Entscheidungen zu treffen, die einen erheblichen Einfluss auf den weiteren Verlauf unseres Lebens haben werden.

Das Selbst versetzt uns in die Lage, sogar unangenehme Gedanken und Gefühle zu analysieren und diese gegen neue Gedanken und Gefühle zu ersetzen. Das Selbst besitzt eine schöpferische Komponente. Die anderen *Hardware- und Softwareteile* des Körpers besitzen diese Eigenschaft nicht. Sinnigerweise helfen solche bildhaften Vergleiche aus der IT-Welt, die Funktionsweise unseres biologischen Körpers besser nachzeichnen zu können. Denn wir alle kennen Computer und die meisten von uns können an der Stelle sehr schnell nachvollziehen, wie Hardwarefehler, Softwarefehler oder schädliche Programme unsere Computerarbeit beeinflussen, und was wir tun können, um das Ganze zu reparieren. Unser Selbst, also das aktive Bewusstsein, ist so etwas wie die oberste Bedienfläche unserer IT. Hier werden bewusst und gezielt Entscheidungen getroffen. Oder auch nicht.

Es ist immer noch so eine Art Geheimwissen, das weder in Schulen und nur an wenigen Universitäten gelehrt wird. Der Alltagsmensch weiß darüber so gut wie nichts. Mit Hilfe dieses Wissens kannst du aber die meisten deiner vorhandenen Herausforderungen erfolgreich in den Griff bekommen. So ist meistens gar nicht klar, dass gezielt und bewusst eine Entscheidung geplant, organisiert und herbeiführt werden kann. Die meisten Menschen überlassen dem Unterbewusstsein, mit all den gesammelten Vorprägungen, den Verlauf ihres weiteren Lebens.

Sie spielen dabei aber immer wieder dieselben Programme ab, die in ihrem gesamten Leben aufgespielt und gespeichert wurden. Vergleichbar mit Apps, die irgendwann mal aufs Handy geladen wurden (teilweise sogar unabsichtlich) und die nun im Hintergrund auch ohne unser Wissen ständig irgendwas tun, wodurch die Geschwindigkeit unseres Handys nach und nach herabgesetzt wird, so lange bis wir denken, es funktioniert nicht mehr. So ähnlich ist es hier.

Die meisten Menschen laufen also mit einer ganzen Menge unnötiger Programme (Apps) durch die Gegend, die alle möglichen Funktionen ausführen, welche aktuell überwiegend überhaupt nicht mehr gebraucht werden. Ja man könnte sie ebenso gut löschen und durch etwas Neues ersetzen.

Hierzu bedarf es aber der gezielten Entscheidung und des gezielten Eingriffs. Ähnlich als wenn du dein Handy von unnötigen Apps bereinigen möchtest, oder wenn du die Festplatte deines PCs aufräumen willst, damit die Systeme wieder schneller werden, hilft hier nur ein gezielt festgesetzter Wartungstermin. Dieser wird von unserem Selbst als höchste Instanz ausgeführt. Das Selbst ist dabei kaum greifbar. Aber es zeigt sich durch seine Erscheinungen und durch seine Möglichkeiten.

Alles, was du dir gezielt und bewusst vornimmst, alles, was du bewusst und gezielt planst oder wofür oder wogegen du dich entscheidest, immer dann, wenn du einen klaren und überlegten Entschluss triffst, unter Einbeziehung aller relevanten Faktoren, und auch immer dann, wenn du deine eigenen Gefühle und Gedanken hinterfragst und analysierst, alte Glaubenssätze gegen neue ersetzt, oder neue Gewohnheiten gezielt trainierst, immer dann handelt es sich um dein Selbst, das diesen Prozess initiiert.

Auf jedem Schiff gibt es einen Kapitän, in jedem Team gibt es einen Coach, in jedem Orchester gibt es einen Dirigenten und in jeder Firma gibt es einen Chef. Dies hat in jedem der Fälle den klaren Vorteil, dass Entscheidungen einheitlich getroffen werden und so für alle Gültigkeit haben. Der Kopf solcher Organisationen ist immer prädestiniert, steuernd auf alle anderen wirken zu können.

Stell dir mal vor, alle die Gedanken und Gefühle, all die Empfindungen und Reaktionen deines Körpers dürfen jeden Tag tun und lassen, was sie wollen. Was würde das für dich bedeuten? Durcheinander und Chaos wären das Ergebnis. Bei vielen unserer Zeitgenossen auf diesem Planeten ist diese Tendenz leicht, mittel oder sogar schwer ausgeprägt. Dabei ist das ganze hausgemacht. Denn es bedarf nur eines klaren und bewussten Selbst, dass diese ganzen Tendenzen einmal ordnet, was selbstverständlich ein ziemlicher Kraftakt sein kann. Aber so ist das nun mal. Ohne Fleiß auch hier kein Preis.

Was unglaublich nach vorne hilft, ist das Verständnis davon, dass dein Selbst als die höchste Instanz der Captain (der Coach, der Dirigent, der Chef) aller untergeordneten Bereiche ist. Er hat das Recht, sich durchzusetzen. Er hat das letzte Wort, wenn es darum geht, wo die Reise hingehen soll. Es hilft also sich vorzustellen, dass dein Selbst, also der Ort an dem zentral bewusste Entscheidungen getroffen werden, der Bereich ist, dem der höchste Stellenwert beigemessen werden darf. Das Selbst darf selbst entscheiden, was es tut oder was es nicht tut, was es will oder was es nicht will, welche Pläne es hat und welche Pläne es nicht haben will.

Wer diese Abläufe verstanden hat und täglich immer wieder aufs Neue übt (unter anderem durch Achtsamkeitstraining), der wird es viel leichter haben auf dem Weg zu einem neuen Selbstbewusstsein. Zu einem glücklichen, zufriedenen und selbsterfüllten Leben. Zu einem Leben in Wohlstand und Freude, indem der eigene Purpose (die wahre Bestimmung) tatsächlich gelebt werden kann. Praktische Übungen zur Steigerung des Selbstbewusstseins schließen sich diesem Prozess an, um nach und nach neue Routinen für das eigene Leben zu gewinnen.

Gezielt nach Hobbys, Menschen und Betätigungen suchen, die dir guttun

Da wir weder in der Schule, noch während unserer Erziehung oder im späteren Verlauf unseres Lebens von dem eben beschriebenen Prozess gehört haben, ist den meisten Menschen überhaupt nicht bewusst, dass sie ihr Leben aktiv und gezielt steuern können und dürfen. Ebenso wie ein Kapitän ein Schiff nicht einfach sich selbst überlässt, es nicht einfach treiben lässt. Ein Kapitän wird alles daransetzen, das Schiff bewusst und gezielt, unter Ausschluss von Gefahren und unter Nutzung günstiger Umstände, sicher und unbeschadet zum Zielhafen zu bringen. Das Ziel bestimmt er selbst und kein anderer.

Jeder von uns hatte aber insgeheim Wünsche, Träume, Hoffnung und Ziele. Die meisten machen allerdings den Fehler, dass sie auf einen günstigen Moment warten, da sie damit rechnen, dass irgendwann die Dinge schon automatisch so laufen werden, wie sie es sich wünschen, dass andere auf sie zukommen und sie abholen werden, dass die äußeren Umstände sich irgendwann verändern werden, sodass es auch mit einem selbst dahin geht, wo man hinmöchte.

Das ist in der Tat der falsche Ansatz.

So wird es keine Veränderungen geben. Dann kann man ebenso gut auf einen Lottogewinn warten. Die Allermeisten warten hier vergebens. Der Schlüssel sein Leben zu ändern, liegt daran, sich seiner Selbst bewusst zu werden, also selbstbewusst zu werden. Werde dir bewusst, dass du der Kapitän deines Lebens bist. Kein anderer. Mit dieser Einstellung kannst du gezielt und bewusst alles herbeiführen, was du vorhast. Wenn du **eine klare Vorstellung** von deinem Leben und deinen Zielen hast, dann wird es unendlich viel leichter sein, diese Ziele nach und nach auch in die Tat umzusetzen.

Selbstbewusstsein, Selbstvertrauen, Selbstwertgefühl - die Gemeinsamkeiten und die Unterschiede

Die Worte Selbstbewusstsein, Selbstvertrauen und Selbstwertgefühl werden ganz oft synonym verwendet. Es lohnt sich dennoch, die Wörter einmal genauer anzuschauen, um zu differenzieren, was die Gemeinsamkeiten und was die Unterschiede sein könnten. Was Selbstbewusstsein ist, haben wir jetzt schon einigermaßen genau hergeleitet. Um aber optimal selbstbewusst sein zu können, bedarf es auch der entsprechenden Portion Selbstvertrauen. Nur wer weiß was er kann und sich selbst dabei vertraut, bei dem was er tut, der wird sein Selbstbewusstsein auch voll ausspielen können. Das Selbstvertrauen spiegelt, wie sehr man sich selbst glaubt, den gesetzten Anforderungen auch gewachsen zu sein. Über welches Wissen und über welche Fähigkeiten verfügst du bereits, die dir ein hohes Selbstvertrauen geben können?

Übung: Qualifikationen aufschreiben

Schreibe auf ein leeres Blatt Papier, über welche Qualifikationen du verfügst. Orientiere dich einfach an den Stationen deines Lebenslaufs.

- Was hast du also für Schulen besucht, was hast du in diesen Schulen Konkretes gelernt, was hast du für Berufsausbildungen oder hast du studiert?
- Welche beruflichen Stationen hast du absolviert?
- Welche Spezialkenntnisse und Qualifikationen hast du dabei gesammelt?
- Welche privaten Interessen und Hobbys verfolgst du?
- Welche Kenntnisse konntest du hierbei erlangen?
- Wie sehen deine privaten Verhältnisse und Erfahrungen aus?
- Bist du erfahren im Bereich der Beziehungen?
- Bist du erfahren im Bereich mit Kindererziehung?
- Hast du Haustiere und kennst du dich mit ihnen besonders gut aus?

- Bist du ein geübter Sportler? Kannst du eine Sportart besonders gut oder bist du hier sogar ein Überflieger?
- Und so weiter…

Du siehst, du hast viele Möglichkeiten, all das aufzuschreiben, wo du nachgewiesenermaßen Kenntnisse und Fähigkeiten aufgebaut hast. Jetzt hast du es schwarz auf weiß vor dir. Oftmals sind wir uns unserer Fähigkeiten und Qualifikationen gar nicht mehr im Nachhinein bewusst, weil wir uns ja auch nicht täglich damit beschäftigen. Aber umso älter wir werden, umso breiter wird der Fundus dieser *hard facts*, auf die wir ziemlich stolz sein können.

Jeder von uns verfügt ab einem bestimmten Lebensalter über besondere Kenntnisse und Fähigkeiten, die nicht selbstverständlich sind. Das können genauso gut im Lebensalltag gemachte Erfahrungen sein, die an keiner Schule gelehrt werden. Manch einer hat sie manch einer hat sie nicht. Aber auch sie stellen eine Qualifikation dar.

All das gipfelt letztendlich in einem hohen Selbstvertrauen. Du kannst dir dabei vertrauen, dass du in ähnlichen Situationen alles schaffen wirst. Selbstvertrauen kann das Selbstbewusstsein beflügeln und verstärken. Denn Selbstzweifel haben dort keinen Platz, wo wir uns ganz klar bewusst machen, welche Stationen im Leben wir bereits absolviert haben und welche Fähigkeiten und Qualifikation wir gesammelt haben.

Zweite Übung: die I-love-myself Wand

Hier haben wir noch eine wunderbare Übung für dich, wie du dein Selbstvertrauen maximieren kannst. Du verfügst ganz sicherlich über besondere Urkunden, Pokale, Medaillen, Auszeichnung, Trophäen, besonders schöne Fotos von dir und deinen Lieben, eigene kleine Kunstwerke, Zeitungsausschnitte von dir und dergleichen mehr. Meist verstauben solche Sachen in Kisten auf dem Dachboden und wir freuen uns jedes Mal, wenn wir sie in die Hand nehmen und uns an großartige Zeiten erinnern. Das steigert enorm unser Selbstvertrauen.

Solche Gegenstände dienen der Erinnerung. Warum also das Ganze nicht proaktiv einbringen? Mache folgende Übung:

Sammle aus deinem Haushalt alle vorgeschlagenen und auch noch weitere tolle Erinnerungsstücke vorangegangener Leistungen, die du erbracht hast und an die du dich gerne zurückerinnerst. Mache dir nun reichlich Platz in einem großen und sichtbaren Regal, zum Beispiel im Wohnzimmer, also an einem Ort, wo du täglich und mehrfach vorbeikommst. Dort präsentierst du all das und zeigst dir selbst immer wieder, was du draufhast. Alles wird in einer Art Trophäenbereich so hergerichtet, dass du täglich dran vorbeiläufst, und deine Erinnerung an diese großartigen Momente, an deine Fähigkeiten und Leistungen getriggert werden.

Keine Sorge. Das hat überhaupt nichts mit Überheblichkeit oder gar mit Narzissmus zu tun. Im Gegenteil. In anderen Kulturen ist es gang und gäbe, solche Trophäenbereiche einzurichten, die motivierend wirken für jeden Menschen, der sie bewundern kann. Solche Trophäen sind immer mit Vorarbeit verbunden, und jeder weiß instinktiv, dass diese Dinge nicht vom Himmel fallen. Sportvereine beispielsweise haben eigene Trophäenschränke, aber auch Unternehmen präsentieren ihre besten Produkte in solchen Schränken oder in eigenen Räumen (Showroom), um selbst vor Augen zu haben, was das Potential der Firma ist. Diesen Hack kannst du ab sofort selbst nutzen für dein privates Leben.

Richte also eine I-love-myself Wand oder einen Trophäenschrank ein. Sowas kann man natürlich wunderbar in den eigenen vier Wänden machen, denn hier bist du der Gestalter und entscheidest allein, mit was du dich umgeben möchtest.

Was ist nun der Effekt? Nun - der Effekt wird sofort sein, dass du diese Inspirationen, die du mit deinen Errungenschaften in Verbindung bringst, nun täglich mehrfach erleben kannst. Die entsprechenden Programme in deinem Unterbewusstsein werden getriggert, und immer da wo Freude und Genugtuung und Zufriedenheit sind, haben Zweifel überhaupt keinen Platz.

Körper kann immer nur in eine Richtung gehen: entweder hoffnungsvoll oder zweifelnd, entweder selbstbewusst oder ohnmächtig, entweder glücklich oder unglücklich. Man kann nie beides gleichzeitig sein. Wenn dein Herz beim Anblick auf deine ehemaligen Siege vor Freude hüpft, dann machst du dir selbst täglich das beste Geschenk, das du dir machen kannst: Du bestätigst dich selbst und deine positiven Eigenschaften. Dies wirkt sich sehr schnell auf dein Selbstbewusstsein aus.

Selbstwertgefühl ist die Wahrnehmung, die wir in Bezug auf uns selbst haben. Glaubst du daran, dass du es wert bist, glücklich und erfolgreich zu sein? Glaubst du, dass du es wert bist, eine tolle Partnerin zu haben? Glaubst du daran, dass du es wert bist, geliebt zu werden oder anerkannt zu sein? Glaubst du daran, dass du es wert bist, im Supermarkt zu den teureren Produkten zu greifen, weil du der Überzeugung bist, deinem Körper nur das Beste geben zu wollen?

Mit welchen Freunden umgibst du dich? Wie richtest du deine Wohnung oder dein Haus ein? Wie möchtest du behandelt werden?

Die Umwelt behandelt uns immer so, wie wir behandelt werden möchten. Ein hohes Selbstwertgefühl ist deshalb die grundlegende Voraussetzung für ein glückliches Leben. Wer sich selber als geringwertig einstuft, der hat überhaupt keine Chance, jemals sein Selbstbewusstsein auszuspielen. Mangelndes Selbstwertgefühl kann durch prägende Kindheitserfahrungen abgespeichert worden sein. Wer in einer Familie großgeworden ist, in der Sparen oberste Priorität hatte, der wird diese Gewohnheit des Mangels auch noch Jahre später zur Anwendung bringen, obwohl dazu gar keine Notwendigkeit mehr besteht (z.B. Geschenkpapier jedes Jahr wieder benutzen und ähnliches).

Mangeldenken hält uns aber zurück, uns persönlich zu entwickeln. Sobald ich davon ausgehe, dass alles immer begrenzt ist, es nur wenig gibt, es nicht für alle reicht, ich mich zurückhalten muss und nichts verschwenden darf, dann wird auch nur ganz wenig zu mir zurückkommen. Auf was ich mich fokussiere, das verstärke ich. Fokussiere ich mich also auf einen niedrigen Selbstwert, auf einen Mangel, dann wird dieser Zustand nie weichen, sondern wird sich immer weiter verstärken. Umgekehrt haben wir alle die Chance, einen hohen Selbstwert zu leben, indem wir uns selbst hoch wertschätzen, indem wir uns selber nur das Beste angedeihen lassen oder zumindest nach dem Besten streben.

Das bedeutet ganz und gar nicht, dass man nicht auch mit einfachen Dingen zufrieden sein kann. Aber das bedeutet sehr wohl, dass man nicht davor zurückscheut, eine wichtige

Investition zu tätigen, wenn diese einen selbst fördern und voranbringen kann.

Mangeldenken funktioniert in etwa so, als wenn man wunderbare Pflanzen in seinem heimischen Garten hat, aber dann überlegt, ob man sie gießen soll oder ob man das Wasser lieber spart, ob man ihnen gute Erde geben soll, oder ob es nicht auch so geht. Solch eine Einstellung würde dazu führen, dass die heimischen Pflanzen nach und nach eingehen. Zumindest aber würden sie sich nicht optimal entwickeln.

Jeder Urwald mit seiner unglaublichen Vielfalt an Leben funktioniert nach dem Prinzip des Überflusses: Es gibt genügend Wasser, genügend Licht und genügend Erde, genügend Nahrung und genügend Luft für alle darin lebenden Wesen. Auf diese Weise entstehen Vielfalt, Reichtum und Glück.

Endlose Sparermentalität und ein niedriges Selbstwertgefühl gehen oft einher mit der fehlenden Kompetenz, sich erfolgreich weiterentwickeln zu können. Vielmehr ist es wichtig, in sich selbst zu investieren, also das Wertvollste, was man überhaupt hat, nämlich in das eigene Leben, die eigene Gesundheit, die eigene Fitness, die eigenen Kompetenzen, und die eigenen Beziehungen, in den eigenen Haushalt, in die eigenen Interessen und Hobbys und in die eigenen Wünsche, Ziele und Hoffnungen.

Am Anfang kommt uns diese Haltung etwas merkwürdig und egoistisch vor. Das hat aber nur mit unserer Erziehung zu tun, die in aller Regel darauf getrimmt war, uns sparsam zu halten. Diese Einstellungen darfst du getrost über Bord werfen und ersetzen durch ein hohes Maß an Selbstwertgefühl. Fang also an, sinnvoll in dich selbst zu investieren, dich selbst zu fördern und dich selber zu wertschätzen. Du wirst merken, wie diese Art von Wertschätzung auch dein Selbstbewusstsein nachhaltig unterstützt und wie deine Persönlichkeitsentwicklung sprunghaft weiter geht.

Selbstbewusste Menschen kennen ihre Stärken, aber auch ihre Schwächen

Selbstbewussten Menschen ist bewusst, dass sie nicht nur über Stärken, sondern auch über Schwächen verfügen. Sie verurteilen sich aber nicht wegen dieser Schwächen und werden sich deshalb auch nicht schlecht fühlen. Selbstbewusste Menschen setzen ganz auf ihre inneren Stärken. Ihr Selbstbewusstsein fußt in ihnen selbst und in ihrem Bewusstsein, wer sie sind und was sie können. Äußere Faktoren sind dabei nicht zwingend entscheidend.

Ein tolles Auto, eine Yacht oder eine Rolex Uhr machen nicht wirklich selbstbewusst. Sie erwecken nur den Anschein eines selbstbewussten Menschen. Das heißt aber nicht, dass selbstbewusste Menschen nicht auch Luxus genießen dürfen und das auch aktiv tun. Aber sie bauen eben nicht ihr Selbstbewusstsein auf Luxus auf. Dieser ist vielmehr eine Begleiterscheinung ihres tatsächlichen Erfolges. Grundsätzlich wären sie auch ohne all das selbstbewusst.

Ob du denkst du kannst es oder du kannst es nicht, in beiden Fällen hast du recht (Henry Ford).

Scheißegal was andere denken, mach dein Ding

Von Kindesbeinen an erlernen wir Regeln zu erfüllen, und die Anforderungen anderer umzusetzen. Die gesetzten Normen müssen von uns eingehalten werden, sonst werden wir ermahnt oder getadelt. Das ist spätestens seit der Schule der Fall. Hier werden wir selten auf das hingewiesen, was wir *gut* können, sondern garantiert immer auf unsere Fehler. Wir werden an dem gemessen, was wir falsch machen, nicht an dem, was wir richtig machen. Das ist traurig, denn aus diesem pädagogischen Ansatz heraus beginnen alle Kinder, sich daran zu orientieren, was ihre Umwelt von ihnen will, nicht was sie selbst wollen.

Fortan überlegen sich alle Menschen, wie sie sich verhalten müssen, damit sie akzeptiert sind, um bloß keine Fehler zu machen. Das ist der falsche Ansatz. Wer so lebt, der lebt konsequent an seinen eigenen Wünschen, Träumen und Hoffnungen vorbei. Der erlebt es als unanständig, wenn er sich selber dabei ertappt, dass er anderer Meinung ist, dass er etwas anderes möchte, dass er andere Wege gehen möchte. Das ist fatal, weil wir dann gegen unsere eigenen Prinzipien arbeiten.

Wenn du Träume hast, dann setze sie um, wenn du Ziele hast, dann verfolge sie konsequent, wenn du dich entwickeln willst, dann lass dich nicht aufhalten. Deine Umgebung darf so bleiben wie sie ist. Die Menschen kannst du nicht verändern. Aber du kannst dich selbst verändern. Entweder du tust es oder du tust es nicht. Aber was andere darüber denken, darf für dich nicht relevant sein.

Do or do not. There is no try! (Yoda)

Minderwertigkeitskomplexe - Wenn der Selbstwert nicht wahrgenommen wird

Minderwertigkeitskomplexe sind der konkrete Gegenpol zu einem gesunden Selbstwertgefühl und stehen einer gesunden Persönlichkeitsentwicklung im Wege. Gefühle der Minderwertigkeit führen immer wieder zu denselben Erscheinungen: Du traust dich zu wenig, du gönnst dir zu wenig, du entwickelst dich in viel zu kleinen Schritten, akzeptierst das aber als normal. Diese Gefühle sind sehr unangenehm für die Betroffenen aber werden oftmals ausgeblendet.

Mit der Zeit gewöhnen sich die Menschen daran, und stellen ihre eigene (fiktive) Minderwertigkeit überhaupt nicht mehr in Frage. Nach und nach werden sie auch von ihrer Außenwelt dementsprechend wahrgenommen und im schlimmsten Fall danach behandelt. Wer anfangs Probleme mit seinem Selbstwertgefühl hat, die in Minderwertigkeitskomplexen münden, der bildet sich das in aller Regel lediglich ein. Denn kein Mensch ist minderwertig. Jeder Mensch ist von Grund auf wertvoll. Gefühle von Minderwertigkeit haben also ihren Ursprung in unserem Mindset. Auch hier spielen wieder eingeübte und lange trainierte Verfahren eine große Rolle. Ausgangspunkt können die eigene Erziehung oder unglückliche Momente im jungen Leben sein.

Wer ein oder mehrfach unglückliche oder sogar traumatische Erlebnisse hatte, der speichert sich diese ab, oder erinnert sich permanent daran. Durch dieses permanente Erinnern ist aber der Neuanfang und der Schritt ins Ungewisse nicht möglich. Wer sich ständig mit der Vergangenheit beschäftigt, der ist nicht offen für die Zukunft. Du kannst dich nicht weiterentwickeln, wenn du ständig mit dir haderst oder zauderst. Mit der Zeit bilden sich biochemische Abhängigkeiten, die uns aus diesem Teufelskreis kaum noch entrinnen lassen wollen. Hier kann es durchaus gefährlich werden für unsere Gesundheit. Letztendlich sind solche Vorgänge hausgemacht.

Wie können Minderwertigkeitskomplexe besiegt werden? Hierzu einige grundsätzliche Tipps und Tricks:

- Nimm dich selbst so an wie du bist.
- Verzeih dir frühere Versäumnisse oder Fehler (sofern es sich überhaupt um Fehler handelt).
- Erinnere dich aktiv an alles, was gelungen ist und was du geschafft hast.
- Präsentiere deine Ergebnisse, deine Erfolge und deine Siege (I-love-myself Wand, Trophäenschrank).
- Wende die Regeln der Achtsamkeit an.
- Fange an, dich selbst zu lieben. Feiere dich auch für scheinbar kleine Erfolge. Zelebriere Meilensteine, die du geschafft hast.
- Passe deine Körperhaltung entsprechend an. Schultern nach hinten, Brust raus, Kopf hoch, lächeln. Eine lustige Übung besteht darin, dass du dich morgens nach dem Aufstehen fünfzehn Sekunden lang im Spiegel anlächelst. Durch das Hochziehen der Wangenmuskulatur werden positive biochemische Reaktionen initiiert, die Glücksgefühle auslösen. Das Innere folgt hier dem Äußeren.

- Arbeite kontinuierlich an deiner Entwicklung. Setze dir bewusst Ziele, und arbeite auf die Erfüllung derselben hin. Gib nicht auf, mach's einfach.

- Beachte nicht, wenn andere dich kritisieren, sondern gehe deinen eigenen Weg.

Jeder Mensch verfügt über wertvolle Eigenschaften und Fähigkeiten, über wertvolles Wissen oder Erfahrungen. Wenn man sich aber selbst einredet, dass diese Dinge gar nicht wertvoll sind, dann wird man sie auch nicht gegenüber anderen zu Markte tragen. Man wird stattdessen den fremdgesetzten Zielen und Benchmarks anderer hinterhereilen. In diesen Feldern ist man vielleicht gar nicht so prädestiniert, sodass man am Ende das Gefühl hat, weniger wert zu sein. Wer seine eigenen Werte kennt, wer genau definieren kann, worin er besonders gut ist, wo seine Stärken liegen, und wie er diese ausbaut, dessen Selbstwertgefühl wird sich erheblich steigern. Minderwertigkeitskomplexe werden überhaupt keine Chance mehr haben.

Ein Beispiel:

Eigentlich ist Max künstlerisch begabt. Er interessiert sich seit jeher für Malerei und Fotografie. Bei der Berufswahl hatte er sich allerdings für einen sogenannten *sicheren Job* bei einer Behörde entschieden. Ihn reizten die guten Karrieremöglichkeiten, das schnelle Geld und der soziale Aufstieg. Mit seinen ursprünglichen Interessen hatte dieser Job aber nichts mehr zu tun.

Wie gut standen die Chancen, dass Max ein hohes Selbstwertgefühl und ein damit verbundenes hohes Selbstbewusstsein in diesem Job entfalten kann? Die Chancen standen nicht so gut. Der Grund liegt einfach darin, dass er selbst bei hundertprozentigem Einsatz, niemals alle seine Talente voll zur Geltung bringen kann. Anstatt das zu performen, worin er besonders stark ist, hat er sich bewusst für einen Weg entschieden, auf dem er zwar gut sein kann, aber niemals zu dieser Form aufsteigen kann, die in ihm schlummert. Sein erster Traum ist es nach wie vor ein großartiger Künstler zu sein. Aus dem Traum ist aber bisher noch nichts geworden, denn er befindet sich weiterhin im Dienst der Behörde. Im Grunde genommen macht er seinen Job gut, aber er ist gelangweilt, erschöpft wegen der Monotonie und enttäuscht wegen der fehlenden Resonanz.

Daraus kann sich ein Gefühl von Minderwertigkeit ergeben, weil er trotz hervorragender Eigenschaften seinen wahren Wert gar nicht zu Entfaltung bringen kann. Er verbietet es sich quasi selbst. Die einzige Lösung besteht darin, nach und nach einen neuen Weg einzuschlagen. Max muss sich seiner Stärken bewusst werden (künstlerische Fähigkeiten) und diesen viel mehr Raum verschaffen.

Ab diesem Moment ist er mit sich selbst zufrieden und voll im Einklang. Er strahlt Glück und Selbstbewusstsein aus und sein Selbstwertgefühl ist bei hundert Prozent. Durch die Arbeit seiner Hände und durch die Schaffung seiner künstlerischen Werke sieht er, dass sein Traum Gestalt annimmt. Er spürt, dass er auf dem richtigen Weg ist. Wir sprechen hier auch vom *Purpose*, also dem eigentlichen Grund, warum wie hier sind. Wenn wir diesen priorisieren, oder wenn wir zumindest in die Nähe des Purpose kommen, dann explodiert unser Selbstwertgefühl in unglaubliche Höhen.

Eine solche Haltung erfordert Mut. Denn wir müssen bereit sein, die Erwartungen anderer zu missachten, andere Menschen vor den Kopf zu stoßen oder zumindest zu überraschen. Es kann sein, dass einige um uns herum diesen Weg nicht mitgehen wollen oder kein Verständnis für uns aufbringen. Tatsächlich ist es aber so, dass wir zu unserer eigenen Bestimmung finden können, wenn wir diesen Weg konsequent gehen. Egal was andere sagen. Neben den Mut gesellt sich deshalb auch die Handlungsbereitschaft, die Dinge nun wirklich auf den Weg zu bringen. Finde heraus, was deine wahre Bestimmung im Leben ist, wo deine wahren Stärken und deine Werte liegen. Das, was du von Herzen aus gerne tust, und was du besonders gut kannst, bei dem du überhaupt nicht an Arbeit denkst. Hast du jemals darüber nachgedacht, in diesem Bereich zu arbeiten und *damit* dein Geld zu verdienen?

Denn alles, was uns Spaß macht, das gelingt uns am leichtesten und am besten. Hier sind wir am wenigsten erschöpft, und müssen uns am wenigsten anstrengen, um ganz große Leistung zu erreichen. Schlimm ist hingegen, wenn du deine großen Leidenschaften überhaupt nicht ausleben kannst. Insgeheim weißt du, dass du ein großartiger Mensch mit großartigen Fähigkeiten bist, und du leidest vielleicht darunter, dass niemand diese Fähigkeiten zur Kenntnis nehmen kann, weil du sie niemandem zeigst. Also zeige den Menschen da draußen dein Talent und deine Fähigkeiten. Dann wird das ganz große Glück in dein Leben kommen, und zwar von ganz allein. Eingeschränktes Selbstbewusstsein oder Komplexe haben an dieser Stelle keinen Platz mehr.

Zusammengefasst: Komplexe sind lediglich ein Warnsignal deines Körpers, dass du auf dem falschen Weg unterwegs sein könntest. Die in dir schlummernden Werte konntest du bis jetzt nicht zeigen oder voll ausspielen und das nervt dich im Grunde genommen selbst. Bastle also nicht an den Symptomen, sondern geht direkt an die Wurzeln. Finde zuerst deine Stärken heraus und deinen Purpose, also das, was du wirklich im Leben machen möchtest. Wenn du das gefunden hast, dann fang an, dich darin nach und nach zu verwirklichen, egal was andere sagen oder von dir halten. „Du wirst vom ersten Tag an spüren: Ja, das ist es. Da habe ich wirklich Bock drauf." Und du wirst darin auch richtig gut performen. Ansehen vor anderen und finanzielles Wachstum werden automatisch folgen. Im Grunde genommen ist das aber gar nicht mehr dein Schwerpunkt, denn du wärst auch ohne all das ab sofort glücklich. In diesem Sinne hat Selbstbewusstsein auch sehr viel mit Selbstverwirklichung zu tun. Viel Erfolg!

Mach dich auf die Suche und werde zum Goldgräber in deinem eigenen Herzen.

Der Goldgräber macht sich auf die Suche nach noch so kleinen Nuggets. Er freut sich über jeden Fund. Und es ist nur eine Frage der Zeit, wann er auf diese Weise auf die große Goldader stößt. Wenn er die gefunden hat, dann ist alles möglich. Der Goldgräber wird keine Arbeit oder Mühe scheuen, das gefundene Gold nun an die Oberfläche zu befördern und zur Schau zu stellen und weiter nutzbar zu machen. Er wird gewissermaßen vor Selbstbewusstsein strotzen, sobald es so weit ist.

Selbstbewusstsein: Gehe bewusst einen anderen Weg!

Sobald Menschen über Selbstwert sprechen, kommt ganz oft der Hinweis auf den Job, den Erfolg, wie wichtig man ist, ob man geliebt wird, ob man gebraucht wird, und so weiter.

All diese Menschen suchen ihren Selbstwert im Außen. Tatsächlich meinen sie also nicht den Selbstwert, sondern den *Fremdwert*. Das ist kritisch zu bewerten. So jagen sie permanent den Forderungen, dem Lob und der Anerkennung anderer hinterher, ohne sich zu fragen, was sie selbst wollen und wo ihre eigenen Stärken liegen.

Wenn es sich in der Tat um Fremdwert handelt, dann kann vollkommen unbewusst folgendes passieren: Werde ich geliebt, habe ich ein hohes Selbstwertgefühl. Werde ich plötzlich nicht mehr geliebt, sinkt mein Selbstwertgefühl in den Keller. Werde ich gelobt, habe ich also Selbstwertgefühl. Werde ich plötzlich kritisiert, dann sinkt mein Selbstwertgefühl gegen Null. Wer die Bestätigung im Außen sucht, der wird sich vom Außen abhängig machen. Ein gesundes Selbstbewusstsein lässt sich auf diese Weise niemals bilden.

Vielmehr zählt hier die nötige *Playfulness*, also das Gefühl und der Ausdruck dessen, dass es dir im Grunde genommen völlig egal ist, was andere denken, dass du in dir ruhst und mit deinen Stärken voll und ganz zufrieden bist. Mithilfe dieses spielerischen Aspektes bist du in der Lage, auch die Tiefen ganz gechillt zu meistern, indem du deinem Außen zeigst, dass es für dich im Grunde genommen gar nicht so wichtig ist, was andere sagen. Das zeigt deine Entspanntheit und dass du kein Opfer bist von äußeren Umständen. Alles, was du dir vornimmst, funktioniert ab sofort viel besser.

Wahrscheinlich ist das Selbstwertgefühl im Alter bis zwei Jahre am höchsten ausgeprägt. Kleine Babys haben überhaupt keine Hemmungen, zu pupsen, zu rülpsen, das Essen zur Hälfte auf dem Tisch zu verteilen oder ein Häufchen in die Windel zu machen. Alles, was sie tun, trägt (meist) zur Begeisterung ihrer Eltern bei und sie bekommen für jede Regung eine positive Bestätigung. So macht das Leben sicherlich viel Spaß! An dieser Stelle ein großes Lob für all die Eltern, dir ihren kleinen Kindern genau die Bestätigung signalisieren, die sie verdient haben. Indem sie ihnen zeigen, dass mit ihnen alles in Ordnung ist und dass sie wertvoll sind, genauso wie sie sind. Das ist durchaus nicht immer so. Ein bedenkenswerter Psychologen-Spruch lautet deshalb: „Man braucht 40 Jahre, um über die ersten 6 Jahre hinwegzukommen." :)

Wenn zwei Erwachsene sich unterhalten und ein Kind stört die Unterhaltung, da kommt nicht selten der Spruch, Kinder müssten leise sein, wenn zwei Erwachsene miteinander sprechen. Das Kind lernt hierbei nicht etwa Rücksicht zu nehmen, sondern es lernt viel mehr, dass es weniger wert ist, als die Erwachsenen.

Wer sich über ein starkes Fremdwertgefühl definiert, der schaut zuallererst immer, was er tun muss, wie er sein muss und was er haben muss, um im Außen die Anerkennung zu erfahren, die er sich wünscht. Dies wird, wie schon ausführlich dargelegt, niemals funktionieren, denn man macht sich absolut abhängig von den äußeren Umständen. Menschen werden depressiv, weil sie bestimmte Leistungen nicht erfüllen, weil sich der Partner oder die Partnerin von ihnen trennt oder weil sie bei einem Bankencrash viel Geld verloren haben. Diese Personen haben sich leider viel zu stark mit ihrem Außen identifiziert und davon abhängig gemacht.

Die Lösung liegt darin, sich zuerst über das *Sein* zu identifizieren, also über das eigene Selbst:

- ✸ Wer bin ich und was sind meine Stärken?
- ✸ Was kann ich besonders gut und was mag ich am liebsten?

* Worin liegt mein Lebensweg und mit was könnte ich mich pausenlos beschäftigen, ohne dabei müde zu werden?

Wer diesen Weg geht, der verhält sich wie das Neugeborene: Ursprünglich und unbegrenzt. Diese Verhaltensweisen kommen einfach von Herzen und entsprechen dem eigenen Naturell. Die überwiegende Zahl der erfolgreichen Menschen geht nicht den Weg des Außen. Diese Leute haben erkannt, dass sie ihrem inneren Kompass folgen dürfen und anschließend das Ergebnis ihres Wirkens und ihrer Arbeiten ihnen vielmehr Ansehen und Wohlstand bringt, als es *systemkonformen* Bevölkerungsteilen je möglich wäre. Sie schwimmen gewissermaßen gegen den Strom, haben damit aber den größten Erfolg. Sie gehen ihren eigenen Weg und erfüllen nach und nach ihre Herzenswünsche.

Ehrlicherweise darf man hier ergänzen, dass wir alle nie nur das eine oder das andere sind. Selbst Menschen mit einem hohen Selbstwertgefühl aufgrund einer selbstbestimmten Lebensweise, werden irgendwann einmal in ihrem Leben auch Fremdbestimmung erfahren. Also Momente, in denen sie äußere Bedingungen erfüllen müssen, die ihnen auferlegt wurden. Aber es ist eben das Verhältnis, das hier eine Rolle spielt. Mach ich immer nur das, was andere von mir fordern oder erwarten und darf ich nur wenige Stunden in der Woche ich selbst sein? Oder drehe ich das Ganze um und folge überwiegend meinem inneren Kompass? Die letzte Wahl wäre die richtige Entscheidung für all diejenigen, die nach wahrem Selbstwertgefühl und wahrem Selbstbewusstsein suchen. Ihnen wird es viel leichter fallen, ab und zu in einen sauren Apfel zu beißen, weil sie ja ohnehin wissen, dass es nur die Ausnahme ist und nicht die Regel.

Die Lösung liegt also darin, zu finden, was einem wirklich Spaß macht, und so zu leben, wie man das wirklich will.

- ✷ Was ist deine Berufung?
- ✷ Wohnst du bereits in deiner Traumwohnung, in deinem Traumhaus, in deinem Traumland?
- ✷ Hast du den Garten, den du dir schon immer gewünscht hast?
- ✷ Umgibst du dich mit den Freunden, die deinem Naturell wirklich am besten entsprechen?

Oder sind das alles nur Kompromisslösungen, die du irgendwann einmal gewählt hast, damit du den Anforderungen im Außen schnell gerecht werden kannst.

Es sei gesagt: Es führt kein Weg daran vorbei, die eigenen Stärken herauszufinden, und dann das zu tun, auf das man wirklich Lust hat, worauf man aus innerstem Herzen brennt, wo man morgens schon aufsteht und es nicht erwarten kann, endlich loszulegen, weil alles einfach Spaß macht und Freude bringt. Auf diese Weise wird der Akku überhaupt nie leer. Alles andere kommt dann von allein und viel schneller, als man jemals zu träumen gewagt hat.

Solche grundsätzlichen Lebensentscheidungen fangen aber nur bei einer Person an: Bei dir! Die meisten Menschen machen den Fehler, dass sie ein Leben lang warten, dass irgendjemand zu ihnen kommt und ihnen sagt, was sie tun sollen und wie sie ihr Leben leben sollen. Aber das ist ein Irrtum! Als Erwachsene haben wir definitiv die Möglichkeit, selber zu bestimmen, was wir im Leben tun und lassen wollen. Jedenfalls weitestgehend und unter Einhaltung der Gesetze. Aber im Großen und Ganzen könnten wir alles Mögliche verwirklichen, wenn wir es nur tun würden. Und hier liegt der tatsächliche Schlüssel. Wenn du rausgefunden hast, worauf du wirklich brennst und wie du dein Leben leben möchtest, dann musst du selbst damit anfangen, deine Ziele zu verwirklichen. Niemand von außen wird kommen und dir sagen, was du zu tun hast. Denn niemand kennt deine verborgenen Goldschätze, die du tief in dir trägst und möglicherweise bisher zurückgehalten hast. Du musst also selbst für die Durchsetzung sorgen.

Das, was andere Menschen von deiner Lebensweise halten, darf dir egal sein. Ob es nun Lob gibt oder Buhrufe. Denn das hat ja nichts mit dir zu tun, sondern etwas mit der Sichtweise der anderen und das ist schlichtweg deren eigene Entscheidung. Wenn du zufrieden bist, dann kann dir diese Zufriedenheit niemand rauben. Was du über dich denkst, das ist deine Entscheidung. Du brauchst dich von niemandem beeinflussen zu lassen. Wenn du dich selber geil findest, dann ist es dir egal, was andere denken oder hinter deinem Rücken über dich reden.

Der Wille ist entscheidend

Wenn du also vorhast, dein Selbstwertgefühl und damit dein Selbstbewusstsein endlich aus dir selbst heraus neu zu formen, dann wird dies mit soften Methoden kaum möglich sein. Die Kräfte der Umwelt in der Gesellschaft sind viel zu stark, als das wir mal eben so aus dem Hamsterrad aussteigen könnten und jeder wird Beifall klatschen. Zuerst mal gibt es finanzielle Notwendigkeiten: Jeder muss genügend Einkommen haben, um die Miete bezahlen zu können und sein Essen einkaufen zu können und so weiter. Einfach mal eben den

Job kündigen und aussteigen wird schwierig. Da gibt es den eigenen Freundes- und Bekanntenkreis, die eigene Familie, die eigene Partnerin, den Chef, die Arbeitskollegen und eine Menge von Verbindlichkeiten, in die man nach und nach hineingeraten ist.

Es ist selbstverständlich, dass je älter du schon bist, diese Verknüpfungen nicht sofort vom einen auf den anderen Tag auflösbar sind. Der entscheidende Hebel an der Stelle bist du und deine Bereitschaft, wirklich etwas tun zu wollen.

Der eiserne Wille ist ein ziemlich wichtiger Faktor und geht Hand in Hand mit Disziplin, Tagesroutinen und einer ausgefeilten Zieleplanung. Man darf hier fast schon von einer militärischen Vorgehensweise reden. Nur mit Hilfe des eisernen Willens wirst du deine eigenen Werte stärken und gegen sämtliche Einflüsse von außen verteidigen und umsetzen. Tatsächlich ist es wohl diese Umsetzungskompetenz, an der es den meisten Menschen mangelt. Den Mut, den Willen und die Kraft aufzubringen, sowie die tägliche Routine an den Tag zu legen und dabei niemals seine wahren Ziele aus dem Auge zu verlieren. Nur so wirst du deine persönlichen Herzenswünsche auch tatsächlich umsetzen können und dich dabei richtig gut fühlen.

Sich lediglich für die Veränderung zu entscheiden, reicht also nicht. Du musst die Umsetzung auch mit jeder Phase deines Körpers wollen. So wie ein Sportler, der sich vornimmt, ein bestimmtes Leistungsziel zu erreichen, und dafür hartes Training und klare Routinen in Kauf nimmt. Die Energie, die früher in die Verwirklichung der Ziele für andere geflossen ist, darf ab sofort in die Verwirklichung deiner Ziele fließen. Somit wird es nicht weniger anstrengend, jedoch werden alle deine Bemühungen auf dein persönliches Habenkonto eingezahlt und nicht auf ein Fremdkonto (Arbeitgeber, Bekannte, Gesellschaft). Diese Entwicklung ist vielleicht mühevoll, aber sie ist stetig und damit unaufhaltsam.

Nicht der Inhalt muss wachsen, das Gefäß muss zuerst größer werden

Eine andere schöne Metapher hilft, das bisher Gesagte bildhaft darzustellen. Stell dir ein Wasserglas vor. Dieses Wasserglas fasst normalerweise zwischen 0,2 oder 0,3 Liter. Nun fängst du an, wertvolles Wasser in dieses Glas zu gießen. Du füllst es mit Inhalten. Doch irgendwann ist das Glas voll und läuft über. All das wertvolle Wasser wird am Glasrand vorbeifließen, auf den Boden tropfen und versiegen. Dieses Glas kann nicht mehr Inhalt fassen als die angegebenen 0,3 Liter.

So ähnlich ist das in der Persönlichkeitsentwicklung. Wer ständig versucht, sich Inhalte anzueignen oder in seiner Persönlichkeit zu wachsen, dabei aber vernachlässigt, das Gefäß, also sich selbst, zu vergrößern, zu erweitern, den Horizont zu erweitern, der wird langfristig gesehen wenig Erfolg mit dieser Methode haben. Wenn du also deine Lebensumstände nicht änderst, wenn du deine Bestimmung noch nicht gefunden oder noch nicht bejaht hast, dann wird dein Gefäß so bleiben wie es ist. Du kannst dann noch so viele Inhalte konsumieren, sie werden nach und nach überlaufen und werden dein Leben nicht verändern können. Erkenne dich selbst und dann verändere dich selbst. Mach dich grösser, mach dich weiter, mach dich freier.

Die Rolle der Selbstzweifel

Selbstzweifel sind etwas völlig Normales. Immer dann, wenn wir unbekannte Wege einschlagen, wenn wir etwas verändern wollen, oder wenn wir uns weiterentwickeln wollen, wenn wir einen neuen Job beginnen, oder auch am Beginn einer neuen Partnerschaft, kann es sein, dass bei uns Selbstzweifel aufkommen. Werde ich alles schaffen? Werde ich den neuen Arbeitsbedingungen gerecht werden? Werde ich meine Ziele erreichen? Werde ich ein guter Partner sein? Wie wird das werden? Erfüllen sich meine Träume?

Solche Selbstzweifel sind deshalb normal, weil du den bekannten und eingelaufenen Weg verlassen hast. Du begibst dich gewissermaßen in ein unbekanntes Terrain, und natürlich könnte einiges schiefgehen. Selbstzweifel zeigen also gewissermaßen lediglich, dass du auf dem richtigen Weg bist. Erneuerung ohne den ein oder anderen Selbstzweifel ist kaum denkbar.

Nun kann es aber dazu kommen, dass einige Menschen sich von diesen Selbstzweifeln stoppen lassen. Anstatt sich weiter um die Verfolgung ihrer eigentlichen Ziele und ihrer Selbstverwirklichung zu kümmern, schenken sie viel zu viel von ihrer Energie der Beachtung ihre Selbstzweifel und prüfen fortan, ob ihr Anliegen überhaupt richtig ist. Woher kommt das?

Auch hier führen uns die Spuren in unsere Kindheit und zu unserer Erziehung zurück. Starke Selbstzweifel entstehen ganz oft in der Kindheit. Immer dann, wenn wir Gefühle des Verlassenwerdens hatten, oder des nicht wert genug seins, immer dann, wenn wir von anderen enttäuscht oder ausgelacht wurden, immer dann, wenn wir uns haltlos oder ohnmächtig fühlten oder wenn wir sogar traumatisiert wurden.

Dann wurden unsere Selbstzweifel massiv genährt und möglicherweise zu einem festen Bestandteil unseres Lebens. Der Selbstzweifel wurde zur Selbstüberzeugung.

Allzu oft wurde in der Vergangenheit bestätigt, dass die Selbstzweifel begründet waren. Jedenfalls sehen *wir* das manchmal so, weil unser Blick nur dies wahrnehmen will. Wir finden auch nicht den Anfang, wo das Ganze seinen Ursprung nahm, weil wir uns nicht gezielt oder bewusst an die entsprechenden Situationen in der Kindheit und unserer Jugend erinnern können oder wollen. Kommen nun ganz gesunde Selbstzweifel aufgrund einer Veränderung, so neigen manche Menschen dazu, diese unnötig aufzubauschen und glauben nicht mehr daran, ihre neuen Ziele zu erreichen. Der feste Glaube fehlt manchmal.

Wo liegt nun die Lösung für das Problem?

Niemand ist ständig perfekt, bei niemandem ist ständig immer alles nur heile Welt. Selbstzweifel kommen und gehen. Die Frage ist nur, ob du ihnen Beachtung schenkst, oder ob du sie als etwas ganz Natürliches ansiehst, was in Ordnung ist, weil du genau weißt, dass sie wieder verschwinden werden, **wenn du deinen Weg konsequent und selbstbewusst fortsetzt.**

Selbstvertrauen aufbauen - praktische Tipps

Um dein eigenes Selbstvertrauen zu steigern, solltest du diese Tipps ab sofort umsetzen. Dein gesteigertes Selbstvertrauen ist eine der Grundsäulen für dein neues und starkes Selbstbewusstsein.

➢ Komme ins Machen und höre auf zu zweifeln

Selbstzweifel führen sehr schnell zu Selbstmitleid. Andere Umstände sind schuld oder andere Menschen, dass unser Leben noch nicht so ist, wie es eigentlich sein sollte. Sobald du aber deine neuen Ziele definiert hast, heißt es: anfangen und machen! Das erfordert tatsächlich viel Willensstärke und Durchhaltevermögen, denn von außen wird kaum jemand kommen und dich bei deinem Selbstverwirklichungsprojekt unterstützen. Das soziale Gefüge ist so gestrickt, dass du automatisch immer wieder daran erinnert wirst, dich nicht zu weit von den Normen und Werten deiner Umwelt zu entfernen. Sie werden versuchen, dich da zu behalten, wo du jetzt stehst. Sei darauf vorbereitet und überwinde diese Manipulationsversuche.

➢ Wenn du die ersten Zwischenziele erreichst, wirst du merken, was du draufhast

Fange an, deine ganz großen Ziele in viele Zwischenziele zu untergliedern. Der Vorteil: Zwischenziele kannst du schneller erreichen, du kannst viel schneller einen Haken dahinter machen und weißt: **Das kann ich!** Dies gibt dir die nötige Schubkraft, auch das nächste etwas größere Zwischenziel wieder anzupeilen. Du kletterst also gewissermaßen von Zwischenziel zu Zwischenziel, und wirst mit jedem Mal selbstbewusster, wenn du wieder eine neue Stufe erklommen hast.

Du wirst immer mehr Selbstwirksamkeit entwickeln, indem du merkst, was du draufhast.

➢ Ein Coach oder Trainer kann helfen

Allgemein gehen wir davon aus, dass ein Coach ein Mensch ist, der Wissen oder Fähigkeiten vermittelt. Aber das ist nur eine Seite der Medaille. Vielmehr ist es so, dass wir uns unserem Coach gegenüber *verpflichtet* fühlen, weil er uns mit der nötigen Strenge klarmacht, was wir zu tun haben. Trainierst du beispielsweise in einem Sportklub, dann wird dich der Trainer nötigenfalls in die Pflicht nehmen, wenn du nicht hart genug an deinen Zielen arbeitest. Du hast dich frei dazu entschieden dabei zu sein. Solch ein Coach kann deshalb auch ein guter Kumpel sein, welcher ähnliche Ziele wie du verfolgt und dich sofort bei der Ehre packt, wenn du mal keine Lust hast oder einfach zu bequem bist. Wir sind die Summe der fünf Menschen, mit denen wir uns am meisten umgeben. Insofern ist das Umfeld ein entscheidender Faktor.

➢ Nutze den Autopiloten gezielt

Die meisten unserer Verhaltensweisen und unsere Denkweisen werden vom Autopilot *Unterbewusstsein* gesteuert. Nutze diese Fähigkeit deines Unterbewusstseins auf eine dienliche Weise. Wenn du dich ganz bewusst so umprogrammierst, dass neue förderliche Gewohnheiten und positive Denkweisen deinen Tagesablauf steuern, dann hast du einen entscheidenden Schritt in die richtige Richtung gemacht:

- ✸ Plane deinen Tag ausführlich. Überlasse nichts dem Zufall. Prüfe täglich, ob du deine gesetzten Tagesziele auch umgesetzt hast.

- ✸ Gehe positiv mit dir selbst um. Gehe nicht zu hart mit dir ins Gericht, sondern lobe dich selbst auch für Kleinigkeiten, die dir gelungen sind.

- ✸ Sei selbst dein bester Freund. Aber tritt dir auch sinnbildlich in den Hintern, wenn du merkst, dass du nachlässig wirst.

- ✸ Sei dein eigener strenger, aber liebevoller Coach. Glaube fest daran, dass alle Situationen im Leben sich zum Guten wandeln werden.

Merke:

„Am Ende wird alles gut und wenn es noch nicht gut ist, dann ist es noch nicht das Ende."

Berufung, Beruf, Selbstverwirklichung, Selbstbewusstsein

Nahezu jeder Mensch geht irgendeiner Beschäftigung nach. Meist tun die Menschen das, um ihren finanziellen Lebensunterhalt zu verdienen. Menschen üben also Berufe aus, weil alle es machen, weil man ja irgendwie sein Geld verdienen muss. Kaum jemand stellt in Frage, dass man berufstätig sein muss, um im Leben klarzukommen. Tauschhandel oder eine völlig freie Form des Lebens gibt es maximal noch in den entlegensten Orten dieser Welt. Du musst irgendein Einkommen haben, um Miete, Essen und Kleidung bezahlen zu können. Du musst über einen Einkommensstrom verfügen.

Letztendlich hat das Finanzsystem viele gute Seiten, denn du bekommst überall auf der Welt (fast) alles gegen Geld. Geld ist neutral. Es dient also lediglich als Tauschmittel, das du gegen andere Güter eintauschen kannst. Es schadet auch nicht, ein bisschen mehr davon zu haben, und nicht wenige Menschen träumen von der finanziellen Freiheit, also dem Zustand, indem sie im Grunde genommen nicht mehr arbeiten müssten und lediglich von ihrem angesammelten Reichtum zehren.

Unabhängig davon leben Menschen manchmal ihre Berufung. Beruf und Berufung sind ja ähnliche Wörter und hängen eng miteinander zusammen. Wenn wir das Wort Beruf verwenden, sind wir uns dieser Tatsache aber in den seltensten Fällen bewusst. Das unterstreicht auch, dass ganz viele ausgeübte Berufe mit der tatsächlichen *Berufung* des individuellen Menschen meist nur wenig oder gar nichts zu tun haben. Hieraus resultieren aber viele Probleme.

Sobald du einen Beruf ausübst, der immerhin täglich regelmäßig über Jahre oder Jahrzehnte hinweg verrichtet werden muss, sollte dieser Beruf zumindest teilweise deinen Interessen und deinen Neigungen entsprechen. Wenn du ein Kind im Alter von 5 oder 6 Jahren fragst, was es mal werden will, würde es eine klare Antwort geben.

Kinder wollen Astronauten, Erfinder, Abenteurer, Musiker, Olympiasieger oder Magier werden. Nicht etwa, weil das viel Geld bringt. Daran denken sie gar nicht. Sie haben Bock darauf und fühlen, dass das etwas mit ihnen zu tun hat. Bei der

Wahl ihres Traumberufes folgen sie lediglich ihrem Herzen. Sie können sich zu diesem Zeitpunkt gar nicht vorstellen, dass erwachsene Menschen eine andere Entscheidung treffen würden bei einer so wichtigen Frage, als lediglich ihrem Herzen zu folgen.

Schlicht Geld zu verdienen und über die Runden kommen, daran ist im Grunde genommen nichts auszusetzen. Für eine gewissen Zeit oder für einen gewissen Lebensabschnitt kann es ja durchaus sinnvoll sein, diesen konservativen Weg zu beschreiten. Als Lebenserfüllung kann dieser Weg kaum herhalten. Denn dann würden wir den wahren Wert und das Ziel unseres Lebens verfehlen. Jeder Mensch trägt in sich besondere Talente und hat besondere Träume, wie er oder sie sich verwirklichen wollen. Das ist immer eine Herzensangelegenheit. Immer dann, wenn bei bestimmten Vorstellungen das Herz anfängt höher zu schlagen, oder gewissermaßen einen kleinen Sprung macht vor Freude, dann ist man auf dem richtigen Weg.

Das Herz gerät in Resonanz mit den Gedanken, die dazu geführt haben. Wer sich also seinen Traumberuf vorstellt, oder besser gesagt seine Traumberufung, der gerät schnell in Verzückung und merkt, wie stimmig das Ganze ist. Im Grunde genommen spielt der finanzielle Aspekt beim Traumberuf nur eine untergeordnete Rolle. Es geht vielmehr um immaterielle Werte. Das Geld folgt dann automatisch. Du merkst, dass diese Tätigkeit etwas ist, was mit dir, mit deinem Innersten, völlig in Übereinstimmung ist. Du tust es, weil du es tun *musst*.

Der Frage nach dem *Purpose*, also der Bestimmung oder dem Zweck des eigenen Lebens, sollte man auf jeden Fall mit besonderer Sorgfalt nachspüren. Wenn du deine Bestimmung gefunden hast, dann folge ihr, ohne Angst vor den Konsequenzen. Deine Bestimmung würde dich automatisch auf den rechten Weg führen. Doch wenn du auch nicht gleich den Sprung ins kalte Wasser wagen möchtest, dann versuche doch zumindest, dich deiner Bestimmung anzunähern, indem du Tätigkeiten ausübst, bei denen deine ganz speziellen Talente und Neigungen schon mal eine Rolle spielen.

Von Selbstverwirklichung zu reden wäre vielleicht noch übertrieben, aber du tust schon mal etwas in die richtige Richtung. Mit deiner Lebensbestimmung ist es so ähnlich wie mit einer Zielscheibe. In der Mitte der Zielscheibe ist deine Bestimmung, deine große Leidenschaft, das was du schon immer machen wolltest und worauf du richtig brennst, was du rund um die Uhr machen könntest und wobei du im Grunde niemals müde werden würdest. Im nächsten Kreis sind dann Tätigkeiten, die in eine ähnliche Richtung gehen. Umso weiter du dich von der Mitte entfernt hast, desto eher kommst du in den Bereich von Tätigkeiten, die lediglich dem *Funktionieren* dienen. Also: Geld verdienen, ein sicheres Auskommen haben, Ansehen haben. Alles Dinge, die nur sehr kurz glücklich machen, aber nicht dafür gedacht sind, ein ganzes Leben zu füllen.

Dieses Schema ist unglaublich wichtig für ein funktionierendes Selbstbewusstsein. Denn jetzt kommt ein ganz wichtiger Hinweis: Wenn du einen Job ausübst, der im Grunde genommen nichts mit deinem persönlichen Purpose zu tun hat, dann wirst du dich niemals selbst verwirklichen können. Denn du wirst deine Stärken niemals voll zur Geltung bringen können. Dein Herz wird dauerhaft unglücklich bleiben, denn du verwirklichst dich nicht selbst. Wenn du dich selbst nicht verwirklichst, ist das so, wie wenn du dir selber die Liebe entziehst und dich stattdessen bestrafst. Wie soll ein solcher Mensch jemals wirklich selbstbewusst sein?

Fassen wir zusammen: Selbstbewusstsein baut im Grunde genommen auf Selbstverwirklichung auf. Wenn du dich selber verwirklichst, dann kommt alles andere wie von alleine. Verwirklichung hängt in unserer Gesellschaft tatsächlich eng zusammen mit einem Berufsbild oder mit einer Berufung. Insofern ist ein ganz heißer Tipp von mir an dich: Überlege, ob dein jetziger Beruf dich wirklich glücklich macht. Wenn letzteres nicht der Fall ist, dann überlege dir einen Plan, wie du aus dieser Tretmühle, aus diesem Hamsterrad, nach und nach herauskommen könntest.

Da wir uns oftmals über Jahre hinweg in solche Situationen hineinmanövriert haben, wird es kaum möglich sein, vom einen auf den anderen Tag auszusteigen und was völlig anderes zu machen. Somit gilt es, sorgfältig und mit viel strategischer Detail-Planung den *Exit* vorzubereiten. Wichtig ist dabei, dass du dir klare Ziele setzt, bis wann du was erreicht haben willst. Unterteile dein großes Ziel in kleine Zwischenziele. Das macht es viel leichter, die Zwischenerfolge konkret anzupeilen und das Erreichte zu feiern. Stelle dich nach und nach ein auf deine wahre Bestimmung, auf deinen wahren Traumberuf.

Denn was gibt es Schöneres, als morgens wach zu werden, und richtig Bock auf das zu haben, was der Tag bringen wird, indem man etwas tut, wobei man ganz viel Freude erlebt und gar nicht mehr an Arbeit denkt. Wo man auch viele Gleichgesinnte trifft, die das ebenso wollen. Dann würden viele andere Probleme sich mit einem Mal in Luft auflösen oder zumindest viel leichter werden. Über ein fehlendes Selbstbewusstsein brauchst du dir in einem solchen Zustand keine Sorgen mehr zu machen.

Deinen Purpose finden

„Finde heraus was du wirklich liebst. Folge deiner Bestimmung." (Steve Jobs)

„Folge dem Ruf deines Herzens." (George Lucas)

Wenn man wirklich für eine Sache brennt, so sagte einst Steve Jobs, dann fühlt es sich nicht mehr wie Arbeit an, sondern ist einfach ein Hobby. Nur auf diese Weise könne man geniale Leistungen erbringen. Anders sei das nicht möglich.

Übersetzt heißt das: Ja du kannst nur in dem Bereich wirkliche Spitzenleistungen erbringen, wo sie dir leicht von der Hand gehen, dort wo deine Bestimmung ist. Bestimmung, Glück und Erfolg gehen somit Hand in Hand. Kehrst du dich ab von dieser Gleichung, indem du dich von deiner Bestimmung entfernst, dann wird alles, was du tust, schwerer fallen, und du wirst weniger gut darin sein, selbst wenn du dich noch so sehr bemühst.

Bestimmung folgen = Glück = Erfolg

Funktionieren = wenig / kein Glück = wenig / kein Erfolg

Stell dir vor, die ersten Schuljahre eines Kindes würden daraus bestehen, dass Kinder ihre Bestimmung herausfinden dürften, um sie dann in den folgenden Schuljahren nach und nach zu entwickeln mit der Hilfe von versierten Lehrern.

Wie wäre es, wenn wir bei der Wahl eines Berufes oder eines Studiums oder der Art und Weise wie wir arbeiten (zum Beispiel auch als Selbstständige oder Unternehmer) von Anfang an darauf geeicht werden würden, unsere Bestimmung zu fokussieren? Dann wäre es für unsere Gesellschaft vermutlich das Normalste der Welt.

Von so einer Vision sind wir leider noch weit entfernt. Es liegt deshalb an dir, selber diesen empfohlenen Weg zu gehen. Er kann die Lösung für fast alle Probleme sein. Denn wenn du das tust, wofür du brennst, dann fällt dir alles andere viel leichter. Selbst Probleme oder Schicksalsschläge kannst du viel eher verkraften, wenn dein Leben auf dieser Basis gegründet ist. Du arbeitest dann nicht mehr für eine unbestimmte Zukunft, in der du irgendwann einmal glücklich sein wirst, sondern du bist vom ersten Tag an der glücklichste Mensch der Welt, weil du einfach das tun kannst, worauf du richtig Lust hast. Du lebst ab sofort deinen Traum. Wir haben nur eine begrenzte Anzahl von Tagen, die wir hier auf dieser Erde verweilen dürfen, und wir sollten alles daransetzen, dass wir unsere Ziele verwirklichen, indem wir unsere Bestimmung leben.

Wie findest du also deinen Purpose?

Uns fällt es in der Regel nicht leicht, die eigene wahre Bestimmung im Leben zu identifizieren. Das liegt an der Umwelt, in die wir hineingeboren werden. *„Folge deiner Bestimmung"* ist nichts, was du normalerweise in Schule oder Elternhaus hörst, sondern meist: *„Mache was Sicheres, mache einen Job, bei dem du dein Auskommen hast."*

In jungen Jahren sind wir fremdbeeinflusst und beginnen unseren Lebensweg meist fern von unserer Bestimmung. Wir fühlten uns früher manchmal gestresst, lustlos, freudlos, nicht gut aufgehoben mit dem, was wir tun mussten. Selbstverständlich leidet darunter unser Selbstbewusstsein. Ein unglücklicher Mensch wird selten selbstbewusst sein.

Es gibt auch keine Schule, die uns beigebracht hätte, wie man seine Bestimmung findet. Wir sind bei dieser Frage komplett uns selbst überlassen. Dadurch wird die Sache nicht leichter. Ab einem fortgeschrittenen Lebensalter sehen wir ohnehin kaum noch eine Möglichkeit, aus dem gewählten Hamsterrad nochmal einen Ausstieg zu finden. Die meisten haben sich dann schon damit abgefunden, dass ihr Leben eben so weitergeht. Sie versuchen ab sofort, die Symptome zu kurieren, und haben nicht mehr im Blick, dass sie eigentlich an den Wurzeln suchen müssten.

Bestimmung = die Wurzel

Es sei aber gesagt, dass es nie zu spät ist für einen kompletten Wandel des eigenen Lebens. Natürlich geht das nicht von heute auf morgen. Trotzdem geht es. Um dies bewerkstelligen zu können, musst du dir zuallererst im Klaren darüber werden, worin deine individuelle persönliche Bestimmung liegt. Was ist also dein Purpose und wie findest du ihn?

Folgende Technik kann einen entscheidenden Schritt weiterführen:

Nimm dir ein Blatt Papier, und schreibe umgekehrt zunächst all die Dinge auf, die du überhaupt nicht magst, die du hasst oder ablehnst, worauf du überhaupt keine Lust mehr hast, was du so schnell wie möglich loswerden willst.

Über diese Technik ist es in Windeseile möglich, eine ganz klare Trennlinie zu finden zwischen den Dingen, die unbedingt abzustellen sind und zwischen dem Rest. Der Rest kommt dann in die engere Auswahl auf der Suche nach deiner wahren Bestimmung. Es fällt dir sicherlich leicht, auf diesem „Hasszettel" zunächst zu notieren, was du ablehnst.

Wenn du das tust, dann wirst du schnell ein Weiteres feststellen: Du wirst dich unglaublich befreit fühlen, dass du den Mut hattest, endlich mal aufzuschreiben und zu benennen, was du wirklich hasst, du aber trotzdem aus fremden Notwendigkeiten heraus jeden Tag tun musst. Das ist schon mal eine riesige Erleichterung, und der erste Schritt in die richtige Richtung.

Einen Schritt weiter gehst du, indem du nun im Kontrast zu deiner Hassliste überlegst, was du alles liebst und wofür du brennst, worauf du richtig Lust hast. Das geht relativ einfach, indem du alle Punkte deiner Hassliste ins Gegenteil umkehrst. Steht dort zum Beispiel, dass du es hasst, dir von deinem Chef auf der Nase rumtanzen zu lassen, dann könnte auf deiner Positivliste stehen: „Ich wäre gern mein eigener Chef." Steht auf deiner Hassliste beispielsweise, ich habe überhaupt keine Lust mehr, von 9 - 17 Uhr zu arbeiten, dann kann auf deiner Positivliste stehen: „Ich möchte meine Arbeitszeiten frei wählen können", und so weiter.

Auch wenn du jetzt immer noch nicht den Kern deiner wahren Bestimmung kennst, so hast du dich über diesen Weg sehr konkret deinem Zielbereich angenähert. Du bekommst jetzt eigentlich eine ziemlich genaue Vorstellung davon, wie dein zukünftiger Beruf aussehen muss, damit du richtig Lust darauf hast.

Es kann auch helfen, wenn du dir zwischen deiner Negativliste und zwischen deiner positiven Auswahl ein paar Tage Zeit lässt. Denn dein Unterbewusstsein arbeitet weiter. Sobald du die Negativliste formuliert hast, wird dein Unterbewusstsein automatisiert nach sinnvollen Antworten suchen. Du hast die Aufgabe in das System gegeben, und fortan wird dein Supercomputer damit beschäftigt sein, nach deiner wahren Bestimmung nun verstärkt Ausschau zu halten. Erwarte also nicht, dass du noch am selben Tag fündig werden wirst. Wohl könnte es aber sein, dass du einige Wochen später ziemlich genau weißt, was du ab jetzt mit deinem Leben wirklich anfangen willst.

Indem du also daran gehst, möglichst viel Negatives aus deinem Leben zu vertreiben und das Positive weiter zu etablieren, wirst du dir durch geeignete Strategien Freiräume schaffen können, die es dir ermöglichen werden, durchzuatmen, neue Energie zu schöpfen und auf völlig neue Ideen zu kommen. Möglicherweise also erst im zweiten oder dritten Schritt wirst du nach und nach herausfinden, was das Hauptthema deines Lebens ist.

(Dauer-)Leiden hat nichts mit Purpose zu tun! Also weg mit dem Ballast.

Kleiner Tipp am Rande: Du darfst auf deiner Negativliste auch Dinge erfassen, die mit dem Job nur am Rande etwas oder gar nichts zu tun haben. Es kann also auch um Freizeit, Freunde und Familie, Wohnsituation, gesundheitliche Situation, Sport, Hobbys und so weiter gehen.

Und ein zweiter wichtiger Tipp: Deine Bestimmung wirst du nicht am Schreibtisch durch Nachdenken finden. Dies ist nur der Anfang. Du musst also aktiv loslegen, alte Dinge abschütteln und neue Dinge gezielt in dein Leben integrieren.

Das ist mit aktiver Arbeit verbunden, die nur du erledigen kannst, und wo dir kaum jemand dabei helfen kann.

Ob du es glaubst oder nicht, aber der Spaßfaktor ist sozusagen die Kompassnadel auf deinem Weg. Das klingt komplett unorthodox. Es ist aber eine Tatsache, dass du deinem Purpose dann am nächsten bist, wenn es dir am meisten Spaß macht. Wenn es dir noch nicht am meisten Spaß macht, dann hast du deinen Purpose noch nicht gefunden, bist aber möglicherweise schon ganz in der Nähe.

Du hast vollkommen richtig gehört: Du solltest herausfinden, was dir wirklich Freude macht, und dann solltest du alles unternehmen, danach dein Leben auszurichten. Unglaublich, aber wahr. Und nun rate mal, was danach mit deinem Selbstbewusstsein, deinem Selbstvertrauen und deinem Selbstwertgefühl passiert? Es wird förmlich zu einer Explosion deines wahren Potenzials kommen und du wirst in deiner Persönlichkeit zehnfach wachsen.

Fünfter Teil: Emotionale Intelligenz

Mit dem fünften Teil Emotionale Intelligenz schließt sich der Reigen rund um den Themenkomplex dieses Buches. Emotionale Intelligenz ist gewissermaßen die Klammer, welche sich um die vorher ausgeführten Kapitel legt, und sie zu einem Ganzen verbindet. Achtsamkeit, Inneres Kind, Selbstliebe und Selbstbewusstsein erfordern allesamt emotionale Intelligenz als gemeinsame Kompetenz. So gesehen handelt es sich gewissermaßen um ein *Metathema* und ich habe es absichtlich an den Schluss dieses Buches gesetzt, um den Kontext zum gesamten Themenkomplex herzustellen und dir damit das Verständnis zu erleichtern.

Grundsätzlich ist hierbei zunächst mal anzumerken, dass es nicht nur *eine* Intelligenz gibt. Oft hat man die Vorstellung von einem Intelligenzquotienten im Kopf, der bei jedem Menschen auf dieselbe Weise messbar wäre. Dem ist nicht so. Intelligenzmessung kann von Kultur zu Kultur variieren, also sowohl auf der einen Seite das Verständnis von Intelligenz als auch die Methoden diese messbar zu machen.

Was in Europa als intelligent gilt, muss in Afrika noch lange nicht intelligent sein und umgekehrt. Was intelligent ist, wird also zum einen durch den jeweiligen Kulturkreis bestimmt und definiert. Wie der IQ gemessen wird, hängt jeweils von den Testkriterien ab, die von Test zu Test variieren. Für die Testentwicklung sind Psychologinnen und Psychologen aller Couleur verantwortlich, die ihre Intelligenztests wie Produkte auf den Markt bringen und sie dann etablieren.

Bei der Messung von Intelligenz können höchst unterschiedliche Kriterien angesetzt werden. Meist haben wir die logisch mathematische Intelligenz vor Augen, wenn wir von Intelligenz sprechen. Das ist aber nur ein kleiner Teilbereich. Tatsächlich gibt es viele weitere Intelligenzarten, die in Schule und Beruf und in unserer Gesellschaft oftmals unbeachtet bleiben, aber sehr großes Potential beinhalten. So gibt es beispielsweise die räumliche Intelligenz, die sprachliche Intelligenz, die musikalische Intelligenz oder die Intrapersonale Intelligenz. Die emotionale Intelligenz ist eine Mischform aus intrapersonaler und interpersonale Intelligenz.

In welchem Berufsbild man sich am besten aufgehoben fühlt, hat auch etwas damit zu tun, wo die persönlichen Intelligenzstärken liegen. Jemand, der beispielsweise eine hohe intrapersonale Intelligenz besitzt, wird sich in einem logisch mathematischen Bereich nicht unbedingt besonders wohlfühlen. Es kann also auch so sein, dass ein Mensch, der bisher als besonders intelligent galt, unter anderen Kriterien betrachtet, wenig intelligent ist. Selbiges gilt genauso umgekehrt.

Also was ist nun emotionale Intelligenz?

Ein emotional intelligenter Mensch ist in der Lage, eigene Gefühle bewusst wahrnehmen und deuten zu können. Das befähigt ihn weiterhin dazu, die eigenen Gefühle beeinflussen zu können, das heißt sie zu beobachten, sie zu verändern oder sie gezielt zuzulassen, je nachdem, was gerade erwünscht ist. Emotional intelligente Menschen sind weiterhin in der Lage, Gefühle auch bei anderen Menschen zu lesen und verstehen zu können.

Emotionale Intelligenz bildet sich vor allen Dingen durch den Kontakt mit anderen Menschen heraus. Indem man mit anderen Menschen interagiert, lernt man sowohl die eigenen Gefühle, als auch die Gefühle der anderen besser verstehen und gezielt beeinflussen zu können.

Gefühle können entstehen durch äußere Einflüsse oder durch eigene Gedanken. Einmal erlebte Gefühle speichern wir tief in unserem Unterbewusstsein ab. Sie kommen dann automatisch hoch, wenn wir ähnliche Situationen nochmal erleben. Diese Art von Gefühl läuft gewissermaßen auf Autopilot. Andererseits können wir aber auch gezielt und bewusst Gefühle herbeiführen, indem wir uns konkret dafür oder dagegen entscheiden. Viele Menschen haben letztere Fähigkeit aber nicht gelernt und beherrschen diese nicht so gut oder gar nicht. Sie reagieren deshalb gefühlsmäßig meist auf Autopilot. Du kennst sicherlich Menschen, die sofort aufbrausend werden, wegen Kleinigkeiten anfangen zu weinen oder sich beleidigt zurückziehen, obwohl objektiv betrachtet kaum etwas passiert ist. Bei solchen Menschen spielen Erinnerungen an frühere Erlebnisse und damit gespeicherte Gefühle eine sehr große Rolle.

Biologisch betrachtet kommt den Emotionen eine wichtige Rolle zu. Sie helfen insbesondere dabei, unsere Handlungsoptionen so zu beeinflussen, dass wir in der Lage sind, schnelle Entscheidungen zu treffen, ohne viele Gedanken damit zu verbringen. Das kann in Flucht- oder Angriffssituationen von großem Vorteil sein. Flucht und Angriffsverhalten war in der Steinzeit gang und gäbe. Wer von einer Horde Wölfe angegriffen wurde, dem blieb nur eine schnelle Flucht. Das Gefühl von plötzlich einsetzender Angst war deshalb überlebenswichtig.

War die Gruppe von Steinzeitmenschen auf der Jagd, und hatte sie ein Wildtier umstellt, so griffen die Jäger es auf ein Signal hin an. Dieser gemeinsame Angriff war ebenfalls mit starken Emotionen verbunden, die sämtliches Nachdenken unnötig machten. Angriff und Aggressionsgefühle hängen eng zusammen.

Die im Unterbewusstsein durch verschiedene Erfahrungen gespeicherten Gefühle wurden dann durch äußere Ereignisse (Trigger) schlagartig abgerufen, wobei gleichzeitig biochemische Prozesse einsetzten, um alle Teile des Körpers zu erreichen. Ob man nun wollte oder nicht, man verhielt sich einfach so in ähnlichen Situationen.

Obwohl wir mittlerweile nicht mehr in der Steinzeit leben, haben diese archaischen Funktionsweisen dennoch ihre Tätigkeit nicht eingestellt. Sie wirken immer noch weiter in uns fort. Jeder hat diese Erfahrung schon gemacht. Steht zum Beispiel eine wichtige Prüfung an oder ein Termin beim Zahnarzt, dann können Gefühle, welche aus früheren Erfahrungen resultieren, für erhebliche Verstimmung sorgen. Nervosität und Aufgeregtheit können die Folgen sein. Eigentlich würde man gerne flüchten oder sich verstecken, doch das geht in manchen Fällen nicht.

Der emotional intelligente Mensch wird nun in der Lage sein, die aufkommenden Gefühle zu beobachten und zu regulieren. Ihm wird es weniger ausmachen, eine vernünftige Entscheidung zu treffen. Doch nicht alle können das.

Es gibt Personen, die nachts zu Fuß auf der Straße unterwegs sind, und bei Kontakt mit unbekannten Passanten sofort Gefühle der Bedrohung und der Angst erleben. Möglicherweise haben sich bei ihnen Gefühle aufgrund vorangegangener Erfahrungen oder auch nur aufgrund Konsums dramatischer Thriller im Fernsehen im Unterbewusstsein abgespeichert, sodass sie jederzeit mit einem Überfall durch Unbekannte rechnen. Sie sind schlicht in einem Alarmzustand und nehmen instinktiv an, dass ihre Umgebung immer feindlich ist. Ihre Entscheidungen sind nicht rational getroffen worden, sondern durch Gefühle und biochemische Prozesse automatisiert gesteuert. Die Chemie der Gedanken lässt sich unmittelbar im Blutbild nachweisen.

Das emotionale System ist einfach viel schneller als das rationale System. Es hat dadurch erhebliche Vorteile, wenn es um Situationen des nackten Überlebens geht. In Alltagssituationen, wie dem genannten Prüfungstermin, dem Zahnarzttermin oder dem abendlichen Spaziergang, können Flucht- oder Angriffsgefühle schnell unangenehme Folgen provozieren, die für die persönliche Entwicklung hinderlich sind.

Was in der Steinzeit sehr sinnvoll war, hat im zwischenmenschlichen Miteinander heute eine störende Funktion.

Zusammengefasst kann man an dieser Stelle zunächst sagen, dass das emotionale System manche herausragenden Eigenschaften besitzt, insbesondere dann, wenn es um schnelle und lebenswichtige Entscheidungen geht. Bis zu 99% der unbewussten Entscheidungen, die wir treffen, werden von unseren unterbewussten Gefühlen beeinflusst.

Der Nachteil liegt darin, dass die Gefühle und die damit ausgeschütteten Botenstoffe automatisiert abgerufen werden, und wir uns über deren Inhalte in dem Moment des Geschehens nicht bewusst sind. Erst wenn wir die Gefühle gezielt und bewusst analysieren, können wir sie verstehen und durchleuchten. Das wiederum erfordert Zeit. Zeit, die sich die meisten Menschen nicht mehr nehmen, wo wir wieder beim Thema Emotionale Intelligenz wären. Emotional intelligent handelt also, wer sich die Zeit nimmt, um seine Gefühle zu hinterfragen, zu verändern oder neu abzuspeichern.

Warum ist dieses Verhalten intelligent?

Fatalerweise wurden viele unserer im Erwachsenenalter gespeicherten Gefühle im Kindesalter programmiert. Diese Programmierung fand in vielen Fällen leider nicht unter optimalen Bedingungen statt. Zum einen waren und sind manche Eltern mit der Erziehung ihrer Kinder überfordert, oder sie wenden Erziehungsmaßnahmen an, die auch ihre Eltern schon angewendet haben, ohne diese weiter zu hinterfragen. So war es noch fast bis zum Ende des letzten Jahrhunderts gang und gäbe, Fehler von Kindern durch Schläge zu quittieren (obwohl verboten). Kinder wurden also früher hin und wieder körperlich bestraft. Heute undenkbar, früher ganz normal.

Aber auch mildere Methoden können tiefe Spuren hinterlassen. Wer als Kind in der Schule schon mal in die Ecke gestellt wurde, vor allen anderen ausgelacht wurde oder vom Lehrer in übertriebener Art und Weise angeprangert wurde, der hat daraus möglicherweise gelernt, dass er nicht in der Lage ist, Gruppensituationen, Vorträge oder soziale Interaktionen zu meistern. Gefühle des Versagens sind demzufolge tief in dieser Person gespeichert. Mit der Programmierung der Gefühle in Kindheit und Jugend gibt es also gesamtgesellschaftlich gesehen eine Schieflage. Da dieser Zeitabschnitt aber die Prägung eines Menschen darstellt, wirken diese Probleme dann im schlimmsten Fall ein Leben lang. Wie wir schon gelernt haben, laufen Menschen irgendwann nämlich auf Autopilot. Sie rufen immer wieder dieselben Gefühle ab, welche zu denselben Verhaltensmustern führen.

Emotional intelligente Menschen können diesen Ablauf jedoch dadurch durchbrechen, dass sie ihre Gefühle zu jedem Zeitpunkt analysieren können. Sie verfügen damit über einen erheblichen Vorteil, denn sie können fatale Autopilotfunktionen abstellen und durch vernünftige und selbstbewusste Handlungsweisen nach und nach ersetzen.

Arbeit an und mit den Emotionen

So unglaublich es klingen mag, aber alles, was wir in unserem Leben seit unserer Entstehung bis hierhin erlebt haben, ist in unserem Unterbewusstsein abgespeichert. Unser Gehirn ist ein Supercomputer, der dazu in der Lage ist, uns mit diesem unterbewussten Wissen automatisch zu steuern. Nur bewusst ist uns das in der Regel nicht. Deshalb heißt es ja auch *Unter*bewusstsein.

Gefühle können wir tatsächlich spüren. Ärger fühlt sich beispielsweise an wie ein glühender Feuerball, Aufgeregtheit fühlt sich an wie ein Kloß im Hals, wenn uns sogar das Sprechen schwerfällt, Liebe hingegen kann sich anfühlen wie Schwerelosigkeit.

Deine Aufgabe ist es, deine Emotionen zu erkennen. Dann hast du deine Gefühle und nicht sie dich. Das ist ein entscheidender Vorteil und der einzige Weg zu einer gelungenen Transformation. Du bist nicht mehr manipulierbar und entwickelst mit der Zeit höhere Selbstwirksamkeit. Der aktive und bewusste Teil unseres Gehirns, also unser bewusstes Verständnis von etwas und über etwas, ist ein Wunder, mit dem wir die unbewussten Vorgänge in uns verstehen können.

Eigentlich gehört solches Wissen als Schulfach ausgebildet. Möglicherweise ist dies aber gar nicht gewollt, denn sonst würden Menschen ja vorzeitig anfangen, den Prozess der Fremdprogrammierung und Massenhypnose zu verstehen und aus eigenem Entschluss ausbrechen.

Für Verständnis im Allgemeinen benötigen wir Sprache. Alles das, was wir in der äußeren und inneren Welt verstehen wollen, benennen wir mit Worten. Das geschieht immer dann, wenn wir mit anderen sprechen, aber ebenso, wenn wir mit uns selbst sprechen. Auch wenn wir im Gedanken mit uns sprechen, tun wir dies mit unseren Worten. Worte und Begriffe sind deshalb der zentrale Ausgangspunkt, um an sich selbst arbeiten zu können.

Wer keine Begriffe von inneren Abläufen hat, dem fehlt auch jedwede Vorstellung. Ist der Begriff bekannt, dann fällt es uns schnell wie Schuppen von den Augen. Allein die Begrifflichkeiten von Bewusstsein, Unterbewusstsein, von Gefühl und Gedanke, von Gehirn und Herz, von Körper und Geist, machen unsere Abläufe vor unserem geistigen Auge sichtbar. Es ist deshalb gut und richtig, sich mit diesen Begriffen intensiv zu befassen.

Die Grenzen meiner Sprache bedeuten die Grenzen meiner Welt (Ludwig Wittgenstein).

So kann es in der Tat so sein, dass viele Probleme sich gar nicht in den Griff kriegen lassen können, weil uns schlichtweg die Worte und die damit verbundenen Vorstellungen fehlen. Wir brauchen zunächst erst mal jemanden (das kann auch ein gutes Buch sein oder ein Wissenskanal), um Begriffe und Vorstellungen zu erhalten, wie unsere innere Welt funktioniert.

Emotionale Intelligenz kann also nur entstehen, wenn wir uns Wissen aneignen über Emotionen. Emotionale Flexibilität bedeutet, Zugang zu haben zu meinen Emotionen und diese bewusst und gezielt kontrollieren zu können. Gelebte emotionale Intelligenz sorgt für Frieden im Innern und für harmonische Beziehungen in deiner Außenwelt. Wissenschaftliche Untersuchungen an der Harvard University haben ergeben, dass emotionale Intelligenz viel entscheidender für das Lebensglück ist als logische Intelligenz. Der Zuwachs an Möglichkeiten ist also gar nicht hoch genug einzuschätzen und jeder Mensch, der sich mit dem Thema emotionale Intelligenz intensiver beschäftigt, hat das Werkzeug, sein Leben um 180 Grad zu drehen. In der Emotionalen Intelligenz liegt daher ein enormes Potential für jedes Individuum aber auch für die Menschheit als Ganzes.

Emotionale Intelligenz nach Daniel Goleman

Emotionale Intelligenz kann unterteilt werden in Eigenwahrnehmung, Emotion Management, Selbstmotivation, Empathie und Umgang mit Beziehungen (Daniel Goleman).

Eigenwahrnehmung

Das ist die Fähigkeit, dank der wir eigene Gefühle bewusst wahrnehmen können, sie beobachten können, ohne zu urteilen, ohne ihnen direkt nachgeben zu müssen. Und danach zu entscheiden, wie man mit diesen Gefühlen nun umgeht.

Emotionsmanagement

Welche Kompetenz hat die betreffende Person, ihre aufkommenden Gefühle, welche im Bereich des Unterbewusstseins abgespeichert sind, gezielt zu managen? Unangenehme Gefühle von permanenter Wut oder Hass auf etwas oder gegen jemanden können von solchen Personen bewusst und gezielt nach und nach abgebaut oder modifiziert werden. Diese Menschen können sich gezielt so trainieren, dass diese Gefühle nach und nach weniger auftauchen, bis sie komplett verschwinden, beziehungsweise dass sie nur noch dann auftauchen, wenn es dazu einen erneuten handfesten Anlass gibt.

Selbstmotivation

Selbstmotivation gehört ebenfalls in den Bereich der emotionalen Intelligenz. Die meisten Menschen tun sich bisweilen schwer, sich zu motivieren, wenn sie komplett unbeobachtet und alleine sind. Diese fehlende Selbstmotivation empfinden sie mitunter selber als schwierig, denn sie schaffen es nur schlecht, sich aufzuraffen und loszulegen mit den Dingen, die sie sich eigentlich vorgenommen haben. Selbstmotivation ist also ein wichtiges Kriterium, wenn es darum geht, die gesetzten Ziele auch in die Tat umzusetzen. Der Umsetzung, beziehungsweise dem aktiven Tun, kommt allerdings eine entscheidende Rolle zu. Denn nur in den allerwenigsten Fällen werden wir geeignete Coaches, Trainer oder Mentoren an unserer Seite haben, die uns aktiv in die richtige Richtung fördern. Wahrer Wandel kann erst entstehen, wenn du selber aktiv wirst und das Geplante tust. Der Schlüssel dazu ist

Selbstmotivation. In krassen Fällen muss man in der Lage sein, *sich am eigenen Schopf aus dem Sumpf zu ziehen.*

Selbstmotivation wird immer dann gebraucht, wenn du dir vorgenommen hast, dich auf eine spezielle Weise zu ernähren, ab sofort mehr Sport zu machen, regelmäßig eine Achtsamkeitsmeditation zu machen, eine neue Fähigkeit zu erlernen und so weiter. Die meisten Menschen fangen mit solchen Programmen an, sind am Anfang sehr motiviert und wenn die ersten Schwierigkeiten kommen, dann knicken viele ein, weil ihnen diese wichtige Kompetenz der Selbstmotivation nicht geläufig ist.

Selbstmotivation lernst du am besten dadurch, dass du körperlich oder geistig anstrengende Dinge tust, die dich an den Rand deiner Leistungsfähigkeit bringen. Indem du in solchen Situationen dann nicht gleich aufhörst (so wie die meisten Menschen das normalerweise machen würden), sondern indem du ein Stückchen weiter gehst als normalerweise, lernst du nach und nach die Komfortzone zu verlassen und dich ein Stück weiter hinauszuwagen ins Unbekannte.

Trainierst du beispielsweise für einen Marathon, dann wirst du bei jedem Trainingslauf immer etwas länger oder weiter laufen, als beim letzten Mal. In dem Moment, in dem du das tust, wirst du vielleicht Gefühle des Aufgebens verspüren oder Gedanken ans Aufschieben verschwenden. Jetzt ist deine Selbstmotivation gefragt, die dir solches verbietet und dir befiehlt weiterzumachen. Nur so und auf diese Weise wirst du dich steigern können. Nur auf diese Weise wirst du den ein oder anderen Schmerz wegstecken können und dich nachher nach getaner Arbeit umso mehr freuen über dein Durchhaltevermögen. Nicht umsonst sagen die Bodybuilder *„No pain, no gain"*, also frei übersetzt ohne Schmerz keine positive Veränderung. Wer so etwas nicht aushalten kann, der wird sich schwertun, Veränderungen in seinem Leben erfolgreich zu implementieren. Der wird ständig auf die Hilfe anderer angewiesen sein, die ihn motivieren müssen, damit er am Ball bleibt.

Empathie

Empathie ist die Fähigkeit, sich in andere hineinversetzen zu können. Diese Fähigkeit kommt immer dann zum Tragen, wenn wir mit anderen Menschen zu tun haben. Da Menschen soziale Wesen sind, kommen Kontakte mit anderen täglich vor. Viele Menschen leben sogar vierundzwanzig Stunden mit anderen Menschen zusammen. Interessanterweise haben letztere eine sehr hohe Wahrscheinlichkeit, eine hohe Empathie zu entwickeln. Wer viel mit anderen Menschen zusammen ist, der lernt schneller als andere, sein Gegenüber *zu lesen*.

Somit fällt das Zusammenleben leichter, weil wir dann besser auf andere Belange Rücksicht nehmen können oder die Reaktionen des Gegenüber besser einschätzen und vorhersagen können. In Unternehmen, aber auch in Teams, sowie in der Familie, ist Empathie ein sehr hohes Gut, das durch logische Intelligenz niemals erreicht werden kann. Oftmals wurde früher dem weiblichen Geschlecht nachgesagt, dass es grundsätzlich für Empathie besser geeignet sei. Selbstverständlich haben aber auch genauso Männer die Fähigkeit sehr empathisch sein zu können. Wie sehr bist du also in der Lage, dich in die Gefühle anderer Personen hineinzuversetzen?

Umgang mit Beziehungen

Beziehungen können sich vor allen Dingen dann besonders gut entwickeln, wenn man ehrliches Interesse an seinem Gegenüber zeigt. Der andere fühlt sich dann wahrgenommen und in seiner Person bestätigt. Das bedeutet in der Praxis:

- zuhören zu können,
- Zeit schenken zu können,
- Vertrauen schenken zu können,
- Bestätigung zu geben,
- gemeinsame Vorhaben zu planen und durchzuführen,
- ehrlich zueinander zu sein,
- füreinander da zu sein,

um nur einige Beispiele zu nennen. In unserer schnelllebigen Zeit hat ein solcher tiefgründiger Umgang mit Beziehungen einen erheblichen Stellenwert gewonnen, denn nur wenige Menschen sind noch in der Lage dazu oder haben die Zeit dafür, auf diese Weise Beziehungen zu pflegen. Umso wertvoller ist aber ein solcher Einsatz zu schätzen und umso glücklicher können Menschen sein, die solch eine Zuwendung durch andere erfahren. Wahre Freundschaft ist ja auch nicht etwas, das vom Himmel fällt, sondern über längere Zeit aufgebaut und gepflegt werden möchte. Als Belohnung wartet ein inniges Band einer starken menschlichen Beziehungen, das durch nichts mehr zu erschüttern sein wird.

Dann liegt ein unbezahlbares Gut vor, das nicht mit Gold oder Geld aufzuwiegen ist. Wer in der Lage ist, wertvolle und wertschätzende Beziehungen aufbauen zu können, der wird sein Leben gezielt und bewusst bereichern können mit Gleichgesinnten. Insofern steckt hierin auch das Potential für eine soziale Weiterentwicklung ungeahnten Ausmaßes. Wenn du dir die richtigen Freunde aussuchst und bewusst und gezielt mit ihnen Beziehungen herstellst, die du anschließend pflegst und hegst, wie einen wunderschönen Garten, so werden diese Beziehung vielleicht ein Leben lang blühen und gedeihen und viel Ertrag bringen - für beide Seiten.

Es ist ja auch kein Geheimnis, dass man zusammen oder im Team mehr erreichen kann als allein.

Die Amygdala und der Frontal-Cortex

Die Amygdala ist der Teil des Gehirns, der für die Wahrnehmung von Angst oder affektiver Aggression zuständig ist. Es handelt sich um eine mandelförmige Nervenzellen-Struktur am Stamm des menschlichen Gehirns. Das ist auch der Bereich unseres Reptiliengehirns und damit der älteste Teil unseres Gehirns. Es ist also keine bloße Metapher, das Flucht- oder Angriffsverhalten in der Steinzeit trainiert wurden, es hat sich tatsächlich so zugetragen.

Diese Automatismen haben unsere Spezies vor hunderttausenden von Jahren die Existenz bewahrt. Sie waren damals so etwas wie eine Lebensversicherung. Heute allerdings versperrt dieser Autopilot uns oftmals die fast grenzenlosen Möglichkeiten unseres gesamten Gehirns, das im Gegensatz zu früher enorm gewachsen ist.

Vergleichen könnte man diesen Vorgang mit einer Firewall am heimischen PC, die viel zu stark eingestellt ist und viel zu sensibel reagiert. Wenn die Firewall jede zweite Webseite sperrt und nicht mehr zulässt, dass wir nützliche Programme installieren können, dann werden wir uns zwar keinen neuen Virus mehr einfangen können, dennoch bleibt der Computer weitestgehend nutzlos. Man kann diese Firewall am PC aber auch regulieren, und zwar so, dass sie nur noch dann anspringt, wenn eine realistische Gefahr an die Tür klopft. Ähnlich ist es mit der Amygdala.

Die Amygdala springt sofort an, wenn sie getriggert wird. Dabei kommt es zu diesem Zeitpunkt nicht darauf an, dass die Informationen richtig ausgewertet sind. Die Amygdala ist nämlich nur ein Schutzfilter, der aufgrund von Erfahrungen, die tief im Unterbewusstsein abgespeichert sind, auf ähnliche Situationen blitzschnell reagiert. So kommt es nicht selten vor, dass wir aufgrund eines äußeren Reizes (zum Beispiel ein Anruf, eine bestimmte Aussage einer anderen Person, schlechtes Wetter) mit Wut oder Aggression, mit Rückzugverhalten oder Angst spontan reagieren. Solche Reaktionshandlungen sind immer unüberlegt und haben mit früheren Erlebnissen zu tun und mit erwarteten (nicht automatisch realen) Gefahren oder Risiken.

An dieser Stelle gilt es den Hebel anzusetzen. Mit Hilfe eines wirksamen Achtsamkeitstrainings hast du die Möglichkeit, an der Stelle, an der sich die Reaktionshandlung andeutet, dazwischen zu gehen. In dem Moment also, wo du merkst, dass aufgrund eines äußeren Ereignisses eine Wut in dir aufsteigt oder ein Gefühl des Zorns entsteht oder du spontan undefinierbare Angst erlebst, kannst du diesen Prozess gewissermaßen pausieren lassen, indem du bewusst dazwischen gehst. Du tust dies durch eine neutrale geistige Haltung, durch aufmerksames Beobachten deiner entstehenden Gefühle und du triffst zunächst keine Entscheidung.

Diese Entscheidung triffst du mit einem anderen Teil, dem Frontal-Cortex. Das ist der Ort, an dem unser Bewusstsein beheimatet ist. Mit Hilfe des Frontal-Cortex triffst du also bewusste Entscheidungen im Gegensatz zu den unterbewussten Entscheidungen. Du kannst dich also gezielt für oder gegen ein unangenehmes Gefühl entscheiden.

Folgen wir der ersten spontanen Reaktion und lassen Wut, Ärger oder Angst zu, dann kann dies in den ersten Sekunden als befreiend wahrgenommen werden und regelrecht als angenehm, weil entsprechende Botenstoffe im Körper für diese Gefühlslagen sorgen. Das ist so gewollt und dient der Durchsetzung dieses automatischen Programms. Doch wie oft schon haben wir uns schon wenige Minuten später tierisch geärgert, wie wir nur so töricht sein konnten, auf diese Weise wieder einmal *zu versagen.* Ja im Grunde genommen empfinden wir es nachher als Versagen, weil wir nach Minuten oder spätestens auch nach Stunden klarer darüber nachdenken können und erkennen, wie dumm das Ganze war. Unsere Biochemie ist zu diesem Zeitpunkt wieder ausgeglichen und unser Frontal-Cortex kann wieder klar entscheiden. Dies ist die Erklärung dafür, warum wir ab und an überreagieren und uns nachher über diese Überreaktion ärgern.

Doch in der Tat können wir durch Achtsamkeitstraining lernen, genau in dem Zeitpunkt einzusetzen, in dem unangenehme und unerwünschte Gefühle hochkommen. Je mehr du diese Technik trainierst, desto eher wird sie dir zur Gewohnheit und desto eher wird es funktionieren.

Das wird dir helfen, unangenehme Situationen in Zukunft deutlich zu verringern und damit deine Lebensqualität erheblich zu steigern. Du bleibst mit dieser Technik viel mehr im Fokus bei dem, was du eigentlich tun möchtest.

Die Amygdala scannt die Umwelt auf Gefahren

Die Amygdala überprüft unsere Umwelt, in der wir uns bewegen, permanent auf mögliche Fallen oder Gefahren, auf Schwierigkeiten oder Probleme. Sie will uns gewissermaßen davor schützen, dass wir Schwierigkeiten bekommen. Wenn wir in der Vergangenheit viele schlechte Erfahrungen angesammelt haben, dann kann es sein, dass wir die Amygdala so benutzen, wie es nicht gesund ist. Im schlimmsten Fall könnten zum Beispiel generalisierte Angststörungen bereits manifest geworden sein, wobei hinter allem und jedem eine Gefahr erkannt wird, die es aber gar nicht gibt. Es liegt auf der Hand, dass die Lebensqualität der Betroffenen dann extrem leidet.

In der Steinzeit hatte die Amygdala eine wichtige Funktion. Und auch heute gibt es selbstverständlich Situationen, in denen sie sinnvoll zum Einsatz kommt. Denken wir beispielsweise an Katastrophen, Hausbrände, Unfälle, Menschen in Lebensgefahr, Überfälle oder reale Bedrohungen. Selbstverständlich macht es hier Sinn, dass wir blitzschnell reagieren.

Da unser gesamter Körper hier aber in einen großen Stress gerät, der uns dazu befähigt, extreme Leistungen zu vollbringen (besonders schnell handeln, sehr schnell laufen, blitzschnell zuschlagen), ist das nicht der Bereich, in dem wir tiefgründige Gedanken hegen. Das meint Folgendes: Wer sich dauerhaft in einem so ausgelösten Stresszustand befindet, der wird den Großteil seines Bewusstseins gar nicht nutzen können, weil dieses in der betroffenen Zeit nur schwer oder gar nicht zugänglich ist.

Zusammengefasst: Grundsätzlich hat die Amygdala eine wichtige Funktion, wenn es um Fragen des Überlebens geht. In Fragen der Persönlichkeitsentwicklung oder im normalen Alltag ist die Amygdala der falsche Ansprechpartner, wenn nicht gar ein Hindernis. Einzige Lösung: Die Firewall Amygdala so weit runterfahren, dass sie nicht bei jeder Kleinigkeit sofort Alarm schlägt. Das geht durch gezieltes Achtsamkeitstraining.

Frontal-Cortex ist der Boss

Wenn du deinen Frontal-Cortex zum Boss deines Gehirns erklärst, dann werden die Amygdala, so wie die im Unterbewusstsein gespeicherten Programmierungen durch frühere Erlebnisse (also alte Gedanken und Gefühle sowie die damit verbundene Biochemie und alle verbundenen automatisierten Verhaltensweisen) ab sofort einem einheitlichen Kommando unterstellt. In dieser „Truppe" kann nicht mehr jeder machen, was er will, sondern es wird auf das gehört, was das Bewusstsein bestimmt. Frontal-Cortex, also das Bewusstsein, ist so etwas wie der Anführer in einer militärischen Einheit. Ebenso kannst du dir ein Orchester vorstellen und da wäre dies der Dirigent. In einem Sportteam ist es der Coach. Wir wissen alle, dass es *solche und solche* Teams gibt. Also auch Teams, die tun und lassen können, was sie wollen, weil niemand mehr einschreitet (antiautoritäre Teams). Dies führt sehr häufig zu Chaos und Missverständnissen.

Dein Frontal-Cortex ist der Teil, der in besonderer Weise unterstreicht, zu was Menschen tatsächlich in der Lage sind, und was sie von den übrigen Wesen auf diesem Planeten in besonderer Weise unterscheidet. Leider muss man aber feststellen, dass das Bewusstsein vom Großteil der Weltbevölkerung nur selten voll genutzt wird. Schon Albert Einstein stellte sinnigerweise fest, dass die Menschen nur 10% ihres geistigen Potenzials benutzen. Die meisten nutzen eben sehr oft das Reptiliengehirn.

Was wäre also, wenn wir uns ab sofort auf die fehlenden 90% konzentrieren und damit ein *Superheldenpotential* entfalten würden? Wir könnten zum Helden unseres eigenen Lebens werden, und nach und nach Leistung vollbringen, an die wir früher niemals geglaubt hätten.

Es gibt also diesen einen Teil unseres Gehirns, der uns dazu befähigt, uns kontrolliert zu beeinflussen und zu steuern. Das Bewusstsein ist sozusagen die oberste Schaltbehörde in unserem Denk- und Fühlapparat. Durch fortwährende Übungen wirst du nach und nach dahinterkommen, an welchen Warnsignalen du erkennen kannst, dass deine Amygdala gleich anspringen wird. Du wirst also durch tägliches Training herausbekommen, wie sie tickt, und was sie bei dir bewirkt. Anhand körperlicher minimaler Veränderungen wirst du in Zukunft spüren, dass sich etwas anbahnt.

Der Zeitpunkt, wann du dazwischengehst, wann du das Ganze unterbrechen wirst, wird also nach und nach immer weiter vorverlegt werden, bis die Amygdala keine Chance mehr hat, das automatisierte Spiel mit dir zu treiben.

Solche körperlichen Signale können sich darin äußern, dass du anfängst zu verkrampfen, dass dir die Worte fehlen, dass du anfängst einen Tunnelblick zu bekommen, dass du merkst, wie Wut in dir aufsteigt oder dass du dich magnetisch angezogen fühlst von einer Situation, die nur Ärger und Stress beinhalten würde (Kampf, Streit). Diese ersten Warnzeichen wirst du nach und nach immer besser lesen können.

Die Unterbrechung findet durch deine bewusste Wahrnehmung statt und durch die neutrale Beobachtung. Du kannst dich also ganz gezielt dagegen entscheiden und stattdessen gezielt neue Gedanken setzen, zum Beispiel auf ein lieb gewordenes Projekt, dass du gerade verfolgst, auf eine wunderbare Zukunftsplanung, von der du träumst, du kannst deine Lieblingsmusik anstellen oder ein paar Minuten komplett abschalten, sowie an die frische Luft gehen und die warme Sonne genießen. Du kannst spontan eine Sporteinheit dazwischenschieben oder dir eine Tasse Tee gönnen. Atme zehnmal tief ein und aus. Konzentriere dich auf deinen Atem. Das sind alles Techniken, die funktionieren.

Du hättest dich dann ganz bewusst für eine positive Intervention entschieden, und dein Unterbewusstsein wird auf diese Weise nach und nach lernen, Trigger-Reize von außen nicht mehr per se als gefährlich einzuschätzen. Dein Unterbewusstsein wird abspeichern, dass die ehemals als bedrohlich empfundenen Trigger nun nicht mehr weiter beachtet werden, sondern dass stattdessen immer positive Empfindungen und Gedanken folgen, die von dir bewusst herbeigeführt werden. Somit werden die alten Programme nach und nach ersetzt durch neue und erwünschte Programme. Das ist ganz sicherlich am Anfang harte Arbeit, aber es ist ein erfolgsversprechender Weg, um im Grunde genommen alles erreichen zu können. Somit erhältst du ganz viel Kontrolle über dein Leben zurück.

Dinge passieren jetzt nicht mehr automatisch und du musst dich nicht jedes Mal ärgern über deine eigenen unerwünschten Verhaltensweisen, sondern du schaust durch bewusstes

Nachdenken die ehemals automatisierten Vorgänge an und kontrollierst sie ab sofort.

Die Bedeutung der Sprache für die eigene Regulationsfähigkeit

So unglaublich es klingen mag, aber es gibt Menschen, denen ist gar nicht bewusst, dass sie wütend sind, sich ängstlich verhalten, andere ständig aggressiv angehen oder beleidigen, denn ihnen fehlen schlicht die Worte und die Begriffe und damit die Einsicht in ihr Verhalten. Nur wenn du mit Begriffen deine Gefühle benennen kannst, kannst du sie auch kontrollieren.

Eine schöne Übung für kleine Kinder kann es zum Beispiel sein, dass sie ihre Gefühle, die sie gerade verspüren, benennen sollen. Durch diese Gefühlsarbeit lernen Kinder so nach und nach, dass das, was sie gefühlsmäßig spüren, sich in Worte fassen lässt. Man kann seinen Gefühlszustand jeweils beschreiben, entweder mit einzelnen Wörtern oder mit ganzen Sätzen oder durch Vergleiche. Somit wird aus einem dumpfen Gefühlszustand ein Gedanke oder eine Ansammlung von Gedanken. Wenn ein wütendes Kind über seine Wutgefühle sprechen kann, dann fängt es an, bewusst darüber nachzudenken und diesen Prozess zu hinterfragen. Sprache hat für unser Denken und für unser Bewusstsein also eine wichtige Funktion.

Je mehr Begriffe dir zu der entsprechenden Thematik bekannt sind, je mehr du liest und dich auf sprachliche Weise mit einem Problem auseinandersetzt, desto mehr Möglichkeiten hat dein Bewusstsein, Aufgaben für dich zu lösen. Du kannst dieses Wissen in Büchern finden. Unsere moderne Informationsgesellschaft hält glücklicherweise aber noch viel mehr Möglichkeiten bereit, um sich weiterzubilden.

Über das Internet kannst du so ziemlich alle Informationen abrufen, die auf unserer Welt existieren. Du kannst dich also mittels Smartphone oder PC von jedem Ort der Welt aus gezielt informieren, um deinem Verstand wichtiges Futter zu geben. Hörbücher ergänzen diesen Reigen. Auch diese sind elektronisch abrufbar und können überallhin mitgenommen werden. Mein Tipp lautet deshalb: Nutze die verschiedenen Möglichkeiten der Informationsgewinnung (Bücher, E-Books, Audiobooks, Internet, Podcasts), um Wissenslücken möglichst schnell und präzise zu schließen. Dein Bewusstsein wird dadurch den nötigen Antrieb erhalten, Fragen des täglichen Lebens zielführend beantworten zu können und die bewusste kognitive Kontrolle zu behalten.

Meditation ist das beste Training zur kognitiven Kontrolle

Egal welche Art von Meditation du betreibst, es ist auf jeden Fall immer richtig so zu trainieren. Meditation wirkt nämlich beruhigend und affektregulierend, sie hilft, mehr im Fokus zu bleiben und bessere Entscheidungen zu treffen. Durch diese Form der gezielten Fokussierung erlangt dein kognitives Zentrum den Stellenwert, den es verdient hat. Das ist vergleichbar mit dem Training in einem Fitnessstudio. Jedes Mal, wenn du trainierst, wird dein Muskel anschließend immer ein Stückchen weiterwachsen. Meditationstraining lässt demzufolge deinen *kognitiven Muskel* grösser und grösser werden, um im Bild zu bleiben. Tägliches Training ist immer der Schlüssel zu Fortschritt und Entwicklung. Immer dann, wenn du meditierst, bist du in der Achtsamkeit. Was du trainierst, wird immer weiterwachsen.

- Die simpelste Meditationsmethode kann zum Beispiel darin bestehen, bewusst ein- und auszuatmen.

- Du konzentrierst dich gezielt auf das Einatmen, du atmest tief ein, du hältst die Luft an, solange wie es angenehm ist, und dann atmest du langsam wieder aus.

- Wenn du die Luft vollständig ausgeatmet hast, hältst du diesen Zustand eine Weile aus, so lange wie es sich angenehm anfühlt, und dann atmest du langsam wieder ein.

- Diesen Vorgang wiederholst du mehrfach.

- Du kannst dabei die Augen schließen und dich auf angenehme Geräusche konzentrieren, zum Beispiel Vogelzwitschern oder das Rauschen des Windes. Ist deine Aufmerksamkeit bei der Atmung oder bei diesen Naturgeräuschen, dann ist sie jedenfalls nicht mehr bei negativen Gedanken und Gefühlen. Du trainierst die Achtsamkeit mit solch einer einfachen Übung.

Das kannst du im Prinzip überall und täglich machen. Und noch einmal: Je regelmäßiger du ein solches Training durchführst, desto stärker wird deine Überzeugung, dass du in der

Lage bist, deine Gefühle und Reaktionen zu kontrollieren und zu modifizieren.

Short Story: Das Schwert des Samurai

Lass uns den Unterschied zwischen dem Autopiloten und deinem bewussten Selbst an einer kleinen Geschichte nochmal deutlich machen. Dabei wird auch zum Ausdruck gebracht, welche Rolle eine gelungene Meditation, beziehungsweise eine Achtsamkeitsübung haben können.

Ein junger Samurai kommt zu einem Mönch. Der Samurai sagt zu dem Mönch: „Erklär mir bitte den Unterschied zwischen Himmel und Hölle."

Der Mönch antwortet ihm: „Verschwinde du Idiot. ich verschwende doch nicht meine kostbare Zeit mit dir. Verzieh dich!"

Daraufhin erbost der Samurai schlagartig, verzieht seine Miene zu einem Gewitter und greift zu seinem Schwert. Die Gefühle des Hasses, der Demütigung und der Enttäuschung steigen in ihm auf.

Der Mönch sagt sodann: „DAS ist die Hölle!"

Auf diesen Satz hin entspannt sich der Samurai mit einem Mal. Er lässt sein Schwert los und sein Gesichtsausdruck ist erleichtert. Er atmet wieder ruhig.

Nun sagt der Mönch: „DAS ist der Himmel!"

Damit endet die kurze Geschichte.

Manche komplizierten Vorgänge kann man wirklich wunderbar einfach zusammenfassen. Wenn du dich in die Rolle des Samurai versetzt, und wie er sich jeweils gefühlt haben muss, dann wirst du ganz schnell verstehen, was der weise Mönch gemeint hat. Unsere automatisierten Verhaltensweisen, welche oft von der Amygdala gesteuert werden, führen zu einem unerfüllten, rastlosen und unschönen Leben. Der entspannte und voll präsente Bewusstseinszustand, der voller Klarheit in sich ruht und negative Gefühle kontrollieren kann, ist hingegen ein himmlischer Zustand, der dem wahren Glück und der Erfüllung viel näherkommt, als irgendetwas anderes.

Erst im Bewusstsein entsteht Erkenntnis und Einsicht. Erst in dieser zweiten Phase ist der Samurai frei von Stress und versteht die Lehre des Mönches voll und ganz. Durch das unmittelbare Nachempfinden wird der Samurai durch den Mönch auf die Technik der Achtsamkeit gestoßen, welche es ermöglicht, die aufkeimende Spontanreaktion (Wut) zu durchschauen und wieder zu bremsen. Eine wirklich wunderbare Geschichte!

Nice to know: Kennen wir das nicht so ähnlich von *Star Wars*? Das Böse ist dort gleichgesetzt mit affektiver Wut und Zorn oder Angst. Die weisen Jedi sind dagegen ruhig und gelassen. Sie kontrollieren ihre aufkommenden Gefühle und lassen sich nicht verleiten. Sie wenden Meditationstechniken an, um sich zu beruhigen. Sie sind bei sich. Sie sind achtsam. Sie finden gerechtere Lösungen für alle und suchen den Frieden.

Der Wert der kognitiven Kontrolle

Um zu begreifen, welchen Wert die kognitive Kontrolle hat, versetzen wir uns kurz in das Zeitalter der Kindheit zwischen vier und acht Jahren. Insbesondere in diesem Zeitabschnitt, wenn Kinder eingeschult werden und die ersten Schuljahre durchlaufen, sind die Erwartungshaltungen der Eltern und der anderen Bezugspersonen sehr hoch. Man versucht alles Menschenmögliche zu tun, um die Kinder bestmöglich zu fördern. Ob diese Versuche tatsächlich durchdacht sind, sei mal dahingestellt. Insbesondere das Schulsystem mit seiner Schwerpunktsetzung auf *Fehler* statt auf Erfolge ist mehr als überdenkenswert. Alle psychologischen Erkenntnisse jedenfalls weisen darauf hin, dass es für geistiges Wachstum viel gesünder ist, die eigenen Stärken zu erkennen und zu fördern. Jedenfalls *versuchen* alle Erwachsenen den Kindern etwas mitzugeben, was sie stark macht und was sie bis ins Erwachsenenalter hin positiv beeinflusst.

Einer der Wegbereiter des Konzepts der Emotionalen Intelligenz, der Amerikaner Daniel Goleman, weist jedoch darauf hin, dass die kognitive Kontrolle von Emotionen einen höheren Wert besitzt für ein gelungenes Leben als Erwachsener, als irgendetwas anderes.

Goleman weist außerdem darauf hin, dass Impulshandlungen von Kindern (Aggression, Kämpfe, Mobbing) vor allen Dingen deshalb auftreten, weil die Kinder nicht gelernt haben, mit ihren Emotionen umzugehen. Meditation und Achtsamkeitstraining mit dem Ziel, eine kognitive Kontrolle zu erlangen, würden sofort Wunder wirken. Wenn Kinder Verständnis davon hätten, wie das innere Uhrwerk rund um Emotionen und Gedanken funktioniert, dann wären sie viel eher in der Lage, unnötigen Streitereien aus dem Weg zu gehen. Auch ihr Weg im Erwachsenenalter würde sich automatisch harmonischer gestalten, und sie würden ihre wahren Lebensziele konkreter verfolgen können und viel häufiger erreichen. Die Ablenkungen durch äußere Einflüsse würden sie viel besser in den Griff bekommen durch Gefühlsmanagement.

Der Wert eines solchen Trainings, das idealerweise schon in der Kindheit einsetzt und durch Eltern und andere Bezugspersonen vermittelt wird, kann gar nicht hoch genug eingeschätzt werden.

<u>Ein Beispiel welche Bedeutung dieser Fähigkeit zu kommen kann:</u>

Beim Spiel von Kindern kommt es hin und wieder zu Mobbingversuchen. Angeblich stärkere Kinder versuchen scheinbar schwächere zu unterdrücken und haben dabei Spaß. Die Situation kann dann eskalieren, wenn sich die scheinbar unterlegenen Kinder körperlich wehren. Es kommt zu Kämpfen und zu Verletzungen. Fortdauernde Hassgefühle können die Folge sein. Es kann eine Gewaltspirale auf beiden Seiten entstehen, die fortan das Denken und das Fühlen und den Tagesablauf der Kinder bestimmt. Für manche Kinder wird es schwierig sein, sich überhaupt noch auf die Schule und aufs Lernen zu konzentrieren, weil ihre Biochemie sich bereits auf diese Nebenszenarien fokussiert hat (Angriff, Flucht).

Die Entwicklung solcher ungünstigen Verläufe kann am besten in der Anfangsphase unterbrochen werden. Nachher wird es im Verlauf der Zeit immer schwieriger.

Stell dir folgende Situation vor:

Ein Junge spielt auf dem Rasen Fußball. Er ist noch ungeschickt im Umgang mit dem Ball und aufgrund seiner körperlichen Konstitution nicht gerade prädestiniert dafür, ein Ausnahme-Sportler zu sein. Es kommen zwei durchtrainierte

Jungs im selben Alter dazu, die anfangen, ihn zu verspotten: *„Hey - du bist doch viel zu fett. Das wird doch nie was. Du kannst dich ja gar nicht richtig bewegen. Hahaha.“*

Der Junge atmet tief durch, geht auf die anderen Kids zu und erklärt ihnen in aller Ruhe: *„Ich bin sehr gut im Onlinegaming. Fußball spielen kann ich noch nicht richtig. Aber vielleicht kann ich von euch eine Menge lernen, wollt ihr mir das zeigen?“*

In diesem Moment ändert sich die Biochemie bei den Jungs, die eben noch sticheln wollten, und schon bereit waren für die nächste Eskalationsstufe. Der übergewichtige Junge hat es geschafft, die anderen komplett auf seine Seite zu bringen.

Einer der zwei harschen Jungs sagte sodann: *„Klar zeig ich dir ein paar Tricks, dann kannst du schnell besser werden.“* In der Folge trainierten sie zusammen.

Der Trick war es, durch eine Mini-Meditation (tiefer Atemzug, Distanz zu seinen aufkommenden Gefühlen von Aggression und Hass oder Angst) die Situation zum Vorteil aller zu klären. Ein Geniestreich und ein wunderschönes Beispiel, wie es auch gehen kann, wenn Menschen über die geeigneten Methoden verfügen!

Kognitive Kontrolle sollte unbedingt ein Schulfach werden, das verpflichtend ist. Es sollte bereits in der ersten Klasse vermittelt werden. Die Thematik befasst sich außerdem mit etwas, für das Kinder sich brennend interessieren:

- ♥ Wie schaffe ich es Freunde zu finden?
- ♥ Wie schaffe ich es meine Hemmungen zu überwinden?

- ♥ Wie schaffe ich es Gefühle der Angst in den Griff zu bekommen?
- ♥ Wie schaffen wir es gemeinsam mehr zu erreichen und Streit aus dem Weg zu gehen?

- ♥ Wie können wir gemeinsam eine schöne Zeit haben?

Kinder lieben es, hierin Selbstsicherheit zu erlangen und so wären sie ganz sicher zu 100% dabei. Denn sie möchten gerne zur Schule gehen und gerne ihre Freunde treffen.

Wenn Kinder nach Hause kommen, dann fragen Eltern sie meist: *„Wie ist deine Klassenarbeit heute gelaufen?"*. Eltern fragen nur selten oder nie: *„Wer war heute nett zu dir?"*. Weil Kinder in diesem Alter noch besonders geprägt werden, leiten sie aus der Art und Weise der Fragestellung ab, was im Leben wichtig ist und was nicht. Durch diese Art von Priorisierung bringen Eltern ihren Kindern bei, dass es gut sei, besser als andere zu sein, bessere Leistungen zu erzielen und sich abzugrenzen.

Deshalb mein Tipp:

Bist du Vater eines oder mehrere schulpflichtiger Kinder, dann Frage sie ab sofort mal, wer heute nett zu ihnen in der Schule war, wer mit ihnen angenehm gespielt hat, wer ihre Freunde sind und was sie in den Pausen so Schönes zusammen machen.

Der Zusammenhang zwischen Optimismus und erfolgreicher Lebensführung

Kognitives Management hat aber nicht nur einen erheblichen Einfluss auf gegenwärtige aktuelle Situationen. Es kann uns helfen, unsere angepeilten Lebensziele viel besser zu erreichen. Wenn ein Mensch eine glückliche Vision hat, also ein Lebensziel im Sinne eines Purpose, dann erfüllt ihn dies mit Glück und Freude. Nehmen wir mal an, jemand hat sich vorgenommen anderen Menschen zu helfen, indem er oder sie auf YouTube einen Wissenskanal eröffnen möchte, mit hilfreichen Informationen zu einem x-beliebigen Thema. Es kann sich hier um ein Hobby handeln, dass derjenige auch anderen Menschen vermitteln möchte.

Wenn dem so ist, dann liegt der Hauptmotivationsgrund nicht in der Monetarisierung oder etwa darin, mehr Ansehen von anderen zu erhalten. Die Hauptmotivation ist viel tieferliegender. Sie liegt darin, anderen Menschen zu helfen, und möglichst viele Menschen mit den eigenen funktionierenden Tipps und Tricks zu versorgen. Die Möglichkeiten unserer heutigen Informationstechnologie sind insbesondere für Menschen, die auf diese Weise motiviert sind, erheblich. Wir können quasi per Knopfdruck tausende andere erreichen und sie inspirieren.

Unser YouTuber ist von seinem eigenen Kanal also mit großer Genugtuung und Freude erfüllt. Insbesondere sind es die Kommentare der User, welche sein Herz höher springen lassen. Manche werden dann folgende Kommentare hinterlassen: *„Vielen Dank für deinen großartigen Content! Dank dir konnte ich mein Leben erfolgreich in den Griff bekommen. Ich konnte viel von dir lernen, mach bitte weiter so!“*

Der Wert eines solchen Engagements ist demzufolge viel höherwertiger als das, was man rein finanziell messen kann. Unser YouTuber wird fortan das Gefühl haben, dass er ein Stück weit die Welt verbessert. Folgen nun auch finanzieller Erfolg und Ansehen, dann sind dies lediglich Begleiterscheinungen.

Was macht eine solche Entwicklung aber mit unserem YouTuber? Nun - auch er hat hier und da Tiefpunkte oder emotionale Hürden zu überwinden. So wie alle anderen auch. Mit solch einer Aufgabe und mit den bereits erlebten positiven Erfahrungen im Rücken, ist man aber in der Lage, die Tiefpunkte viel schneller zu überwinden und abzuhaken. Die mit der Aufgabe verbundene Freude ist einfach so gewaltig, dass sie alles andere überstrahlt. Es ist in etwa so, als wenn man Geburtstag hätte und auf dem Tisch stehen zwanzig in Geschenkpapier eingepackte Überraschungen bereit. In diesem Moment schlägt das Herz höher, weil man weiß, dass alles gut ist. Egal was ist.

Durch die Schaffung einer Lebensaufgabe im Sinne eines Purpose (Bestimmung, Sinn deiner Existenz, wahrer Grund warum du hier bis) entsteht ein unbegrenzter Optimismus, der fortan schlechte Gefühle, negative Gedanken, Herausforderungen des täglichen Lebens, Tiefpunkte bis hin zu Schicksalsschlägen in Windeseile vergessen lässt. Die Person ist dann so sehr mit ihrer erfüllenden Lebensaufgabe identifiziert und ihre Energie ist so hoch aufgeladen, dass negative Energien sich nicht zeitgleich dort aufhalten können.

Die Bestimmung oder der Purpose sind etwas höchst Individuelles. Jeder Mensch darf das für sich allein herausfinden. Es ist die Aufgabe, bei der dein Herz höherschlägt, und die du pausenlos machen möchtest, bei der du überhaupt nicht mehr an Arbeit denkst. Interessanterweise ist es auch die Aufgabe, bei der du von Natur aus talentiert bist, also großartige Leistungen vollbringen kannst, was du weiterhin liebst zu tun und was für dich eine höhere Bedeutung besitzt im Sinne von bedeutsam Werten.

Dabei kommt am Ende raus, dass man bei der Umsetzung des eigenen Lebenssinns ganz nah bei dem ist, was man selbst möchte und was einem selbst guttut, was also dem eigenen Wohlbefinden, dem eigenen Glück und dem eigenen Wachstum dient. Gleichzeitig aber entsteht als Nebenprodukt auch ein positiver Impuls für andere Menschen und für den ganzen Planeten. Es fühlt sich also gut an, für sich selbst das Beste zu bewirken und dabei auch anderen dienlich zu sein.

Das Funktionssystem der emotionalen Selbstregulierung in der Übersicht

Die folgende Zusammenfassung dient dazu, dass bisher Gesagte in komprimierter Weise darzustellen. Mit Hilfe dieser Fakten ist jeder Mensch in der Lage, sein Leben in vielfältiger Weise zu modifizieren und aufs nächste Level zu bringen. Alle Verfahrensweisen sind im Grunde genommen leicht nachzuvollziehen und die Übungen sind ohne großen Aufwand und ohne große Einstiegshürden durchführbar. Also:

Es beginnt alles in der Kindheit. In den ersten Kindheitsjahren ist die Prägung am größten. Kleine Kinder bis sechs Jahre werden in einer Art natürlichem Hypnosezustand mit allen auf sie einströmenden Informationen gefüttert. Die Informationen in Form von Handlungen, Gedanken und Gefühlen werden ohne Bewertung im Unterbewusstsein abgespeichert. Analog zur Computersprache könnte man auch von einer *Downloadphase* sprechen. Alle nötigen Programme und Apps werden auf der zentralen Festplatte gespeichert und installiert.

Das Kind hat zu diesem Zeitpunkt noch keine Möglichkeit, die Inhalte auf Sinnhaftigkeit oder Richtigkeit zu überprüfen. Es ist deshalb nicht übertrieben zu sagen, dass in der Prägephase die Weichen für das gesamte spätere Leben gestellt werden. Entscheidend sind dabei die Bezugspersonen, das heißt die Menschen, die um das Kind herum sind, also Familie, Freunde, Nachbarn, Lehrer und Schulfreunde.

Diese Art des Lernens ist deshalb von hoher Bedeutung und biologisch so vorgesehen, damit junge Menschen in der sie umgebenden Umwelt handlungsfähig werden und in ihrer Welt klarkommen. Weil die meisten Erwachsenen so wie die Lehrer in unserem Schulsystem sich dieser Tatsache nicht oder nur sehr unzureichend bewusst sind, kommt es während dieser Zeit häufig zu Fehlprogrammierungen. Einmal falsch abgespeichert, ist es allerdings schwierig automatisierte Gedanken und Gefühle nachträglich umzuprogrammieren. Zum einen, weil diese sich mittlerweile biochemisch verankert haben, und zum anderen, weil den meisten aufwachsenden und erwachsenen Menschen bisher die Technik fehlte, mit der man dies tun kann.

Alles im Unterbewusstsein Abgespeicherte an positiven sowie negativen Kindheitserfahrungen drückt sich im späteren Erwachsenenalter durch automatisierte Gedanken, Gefühle und daraus abgeleiteten Verhaltensmustern aus. Grundsätzlich kann man also sagen, dass Menschen fortlaufend dieselben automatischen Gefühle, Gedanken und Verhaltensweisen replizieren. Sie laufen dann gewissermaßen auf Autopilot. Etwa 99% der täglichen Vorgänge können auf diese Routine zurückgeführt werden. Nur etwa ein Prozent sind dabei neue und bewusste Entscheidungen.

Das Fatale an diesem Automatismus ist: Wurden in der Kindheit zu viele negative, belastende, traumatisierende oder verwirrende Erlebnisse abgespeichert, wird dies in aller Regel dazu geführt haben, dass der Reptilienteil unseres Gehirns, also der Hirnstamm mit der Amygdala, permanent befeuert wird. Der Großteil des Lebens kreist dann um Gedanken und Gefühle von Angriff oder Flucht von Aggression oder Angst. Es kommt häufiger zu Konflikten und zu ungelösten Problemen, zur Entscheidung aus Angst heraus, zu Vermeidungsverhalten oder fehlendem Mut zu den richtigen Entscheidungen. In diesem Zustand gefangen, ist es Menschen nicht möglich, sich auf eine gesunde Art und Weise weiterzuentwickeln. Sie sitzen in diesem Autopilot-Zustand ein Leben lang fest, wenn es dumm läuft. Andere Möglichkeiten, als auf diese Art und Weise zu handeln, zu denken und zu fühlen, sind ihnen nicht geläufig, weil sie diese nicht gelernt und nicht eingeübt haben.

Sicherlich kennst du den Film *The Matrix*. Analog zur Story des Films könnte man also behaupten, dass der oben genannte Personenkreis in der Matrix lebt. Wie im Film wäre der Autopilot also das, was einsetzt, wenn man die blaue Pille schluckt anstatt der roten. Alles bleibt wie es ist und es gibt keine Entwicklung. Man bleibt in seiner eigenen Matrix gefangen.

Die allermeisten Handlungen, die infolgedessen passieren, führen nicht zu einem glücklichen und erfüllten Leben, sondern bleiben auf das Irdisch-Materielle begrenzt. Wird der

Autopilot aber noch stärker, dann wachsen Aggressions- und Angstzustände so weit, dass es sogar zu Eskalationen kommen kann. Im Grunde genommen kannst du die überwiegende Mehrzahl aller spontan-aggressiven menschlichen Handlungen auf dieser Welt auf diesen falsch funktionierenden Autopiloten zurückführen.

Durch die nötige Bereitschaft und mit viel Disziplin ist es aber möglich, diesen Teufelskreis zu durchbrechen. Der erste Schritt ist es, durch Achtsamkeitsübungen und Meditationen verschiedenster Art alles dafür zu tun, den Hijacking-Versuch der Amygdala schon im Keim zu erkennen und zu unterbrechen. Das ist der Moment, in dem dunkle Gefühle über biochemische Prozesse ebenso dunkle Gedanken erzeugen und zu dunklen Handlungen anregen. Wird dieser Moment, in dem der Autopilot anspringt, frühzeitig durch das Bewusstsein erkannt, dann wird es möglich, sich selbst zu regulieren. Sonst nicht.

Mit Hilfe des Achtsamkeitstrainings und durch die entsprechenden Techniken, die auch in diesem Buch weiter oben ausführlich vorgeschlagen und diskutiert wurden, kann das immerwährende Hamsterrad des Unterbewusstseins gestoppt werden.

Im weiteren Verlauf ist es möglich, sich ganz gezielt und bewusst gegen die negativen Automatismen zu entscheiden und eigene bewusste Gedanken und Gefühle zu setzen, die dann in bewussten Handlungen münden.

Ein weiteres Beispiel:

Ein Kind wurde in seiner Kindheit von Gleichaltrigen so sehr geärgert, dass es gelernt hat, weitere Verletzung in seinem Leben dadurch zu verhindern, dass es schon bei den kleinsten Anzeichen einer möglichen Gefahr sofort zur Aggression übergeht. Es liegt auf der Hand, dass durch diesen Autopiloten ein lebenslang angriffslustiger Mensch entstanden ist, dem der Weg zu wahrem Glück ewig verwehrt bleiben würde.

Positive Chancen und Beziehungen werden als solche nicht mehr erkannt, oder von vornherein abgelehnt, um weitere Enttäuschungen zu vermeiden. Ein solcher Mensch kann durch Meditation und Achtsamkeit zu dem Ausgangspunkt seiner ersten Programmierungen wieder zurückkommen, um noch einmal zu erkennen, wieso er so tickt wie er tickt. Einmal verstanden, wird er sich ab sofort selbst beruhigen können und die negativen Gefühle und Gedanken fortan suspendieren. An deren Stelle wird er neuen Raum für positive Erfahrungen schaffen, die er bewusst und gezielt herbeiführt und beeinflusst.

Das Selbst (Bewusstsein) ist die Fähigkeit oder Eigenschaft, die uns zentral von allen anderen Lebewesen auf diesem Planeten unterscheidet. Der Autopilot hingegen entspricht eher dem, was den meisten biologischen Wesen innewohnend ist. Nicht umsonst rät das Orakel von Delphi: „Erkenne dich selbst"!

Mit Hilfe des Selbst können wir die 90% unseres Gehirnpotentials abrufen, die ansonsten ungenutzt vor sich hinschlummern. Je mehr wir dieses Training verinnerlichen und zur Gewohnheit werden lassen, desto stärker wird unser Unterbewusstsein neu programmiert. Der damit entstandene *neue* Autopilot entspricht unseren jetzigen bewussten Entscheidungen und bewusst herbeigeführten Handlungsweisen. Alles, was wir fortan fühlen und denken ist kongruent zu unserem Bewusstsein und zu unseren Herzenswünschen.

Insgesamt leitet sich daraus ein Zustand von Glück, Zufriedenheit, guten Beziehungen, Freude, Lebenserfüllung und Einssein ab. Dieser Zustand geht auch Hand in Hand mit der wahren Bestimmung des Lebens, die für jeden Menschen individuell anders ausfällt.

Wer seinen Purpose gefunden hat, der wird es fortan noch viel leichter haben, Schwierigkeiten im Leben zu meistern. Der entstandene Optimismus und die gespeicherte positive Energie werden nichts anderes mehr zulassen als den weiteren Weg in eben diese Richtung. In diesem Zustand sind Menschen *bulletproof* und nicht mehr aufzuhalten. Bahnen sich dennoch mal Probleme an, verfügen sie über die nötigen Kenntnisse und Fähigkeiten, diese umgehend wieder zu regulieren. Mittels ihres Bewusstseins können sie ihre Gefühle und Gedanken und damit auch ihre Handlungen gezielt steuern.

SCHLUSS

Das Unterbewusstsein mit seinen Milliarden von gespeicherten Informationen ist gewissermaßen das Spiegelbild unsere Vergangenheit. Alles, was wir jemals erlebt, gefühlt oder gedacht haben, ist hier abgelegt. Du hast mit dem vorliegenden Werk nun den Schlüssel erhalten, um Zugang zu deinem Unterbewusstsein zu finden und es dadurch lesen, deuten und modifizieren zu können.

Ich habe in diesem Buch auch empfohlen, dass du deine wahre Lebensbestimmung finden darfst, um ihr zu folgen. Es ist dein natürliches Recht und es ist der Grund, warum du hier bist. Du darfst deinen Purpose leben!

Wer sich einmal dafür bewusst entschieden hat diesen Weg einzuschlagen, den kann nichts mehr erschüttern, denn die Freude über die Erfüllung der eigenen innersten Beweggründe ist wahrscheinlich die stärkste Antriebsfeder überhaupt. Innerer Friede, ungebremstes Selbstbewusstsein, innere und äußere Gesundheit, gute Beziehungen mit anderen Menschen, Glück und Erfolg in der Liebe und ein durchweg erfülltes Leben inklusive materiellem Wohlstand gehen mit dieser Entwicklung Hand in Hand.

Wenn Herz und Gehirn in Resonanz miteinander geraten, dann können Möglichkeiten entstehen und Energien freigesetzt werden, die sehr weit über das hinausgehen, was wir normalerweise kennen.

Ich wünsche dir, dass du ab sofort täglich in die Umsetzung gehst und dabei die großartigsten Erfolge erlebst, die man überhaupt nur haben kann!

Viel Freude und viel Erfolg auf deinem Weg!